L'ENCYCLOPÉDIE DU BRICOLAGE
BLACK&DECKER®

Entretien Maison 1

Grolier Limitée

MONTRÉAL, QUÉ.

Ont collaboré à
L'ENCYCLOPÉDIE DU BRICOLAGE BLACK & DECKER :

Directeur de production :   Bernard Lamy
Rédaction :   Claude Gervais,
                            Roger Lamarche,
                            Raymonde Tanguay
Coordonnatrice d'édition : Dominique Lachance
Révision et correction :   Odette L. Roy
Coordonnatrice de production : Carole Garon
Infographie :   Sophie Charest, Diane Hétu,
                            M.-Josée Morin,
                            Suzanne Perron, Julien Simard,
                            Hélène St-Denis, Marc Vallières,
                            David Vanden

Services techniques :

Séparation de couleurs :   Color Imaging inc.
Pelliculage: Communimédia inc.
                            Publicité Photos Couleurs inc.
                            Péli Quick inc.
Impression :   **Imprimerie Québecor l'Éclaireur (Beauceville)**
Reliure :   Reliure Rive-Sud inc.

Conseiller spécial :   Jean-Pierre Durocher

Les éditeurs de L'ENCYCLOPÉDIE DU BRICOLAGE
BLACK & DECKER considèrent que les informations qu'elle
contient sont exactes. Toutefois, la publication de l'ouvrage
ne comporte aucune garantie quant aux résultats des travaux
entrepris. De plus, les éditeurs n'assument aucune
responsabilité concernant l'usage des recommandations
et indications données.

Contenu

Introduction

Plomberie

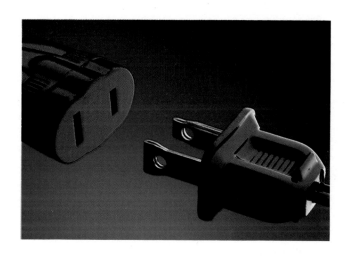

Électricité

Portes et fenêtres

Avant-propos

Il y a en chacun de nous un bricoleur qui s'ignore. Il est vrai qu'une maison peut paraître bien mystérieuse, derrière ses revêtements. Mais en fait, il n'y a rien là de bien sorcier, surtout que les matériaux et les outils d'aujourd'hui permettent de remédier aux problèmes les plus courants avec l'assurance d'un professionnel.

Nous vous proposons ici une foule de techniques et de trucs que vous maîtriserez en un rien de temps, grâce à la présentation illustrant les étapes à suivre. Des photos en couleurs, des explications claires et un aide-mémoire des outils et matériaux à avoir sous la main vous servent de maître-bricoleur. Vous y découvrirez ce qui se cache sous l'évier ou derrière la plaque de l'interrupteur, et pourrez exprimer vos talents de décorateur. Enfin, nous vous offrons les moyens d'ignorer les coûts prohibitifs généralement associés aux réparations, que le bricoleur en vous peut en fait réaliser facilement.

NOTE : Nous abordons chaque problème d'une façon générale et nous ne pouvons présumer des situations particulières. Votre jugement et votre souci de sécurité vous permettront d'adapter les techniques selon vos besoins. Il va sans dire que les codes du bâtiment et de plomberie de votre région ainsi que les normes de l'ACNOR/CSA prévalent.

Un coffre à outils passe-partout

Le coffre d'outils proposé ici permet d'effectuer à peu près tous les travaux de réparation et d'entretien courants. La règle d'or à respecter lorsqu'on monte un coffre, c'est acheter les meilleurs outils possibles. Un instrument de qualité pourra durer toute une vie et, à long terme, s'avérera plus économique qu'une succession d'outils de remplacement. Choisissez les marteaux, les ciseaux et les tournevis faits d'acier trempé. Une scie de qualité porte une denture très fine et est aiguisée avec précision. N'hésitez pas à manipuler les outils pour en évaluer le maniement et vous assurer du confort de la prise. Voici ce qu'on doit trouver dans un coffre de base : pince, ruban à mesurer, clés ouvertes, scie compacte et à métaux, équerre à combinaison, clé à tuyau, pince multiprise, clé à molette, couteau à murs, marteau, ciseau à mastiquer, lime à métal, bloc à sabler, pince à long bec, tournevis et poinçon.

Les outils électriques courants

Quelques outils électriques de bonne qualité permettront d'entreprendre des projets plus ambitieux, tout en facilitant la réalisation de l'ensemble des travaux. La variété de tâches que certains peuvent accomplir est surprenante. Ainsi, une perceuse à vitesse variable, avec mandrin de 3/8", devient vite indispensable : elle perce, visse, ponce, décape, coupe le métal et peut même brasser la peinture. Une scie sauteuse et un assortiment de lames viendront à bout des coupes les plus diverses et une scie circulaire d'un diamètre de plus de 7" est essentielle aux travaux de menuiserie. La ponceuse orbitale procurera la touche de finition.

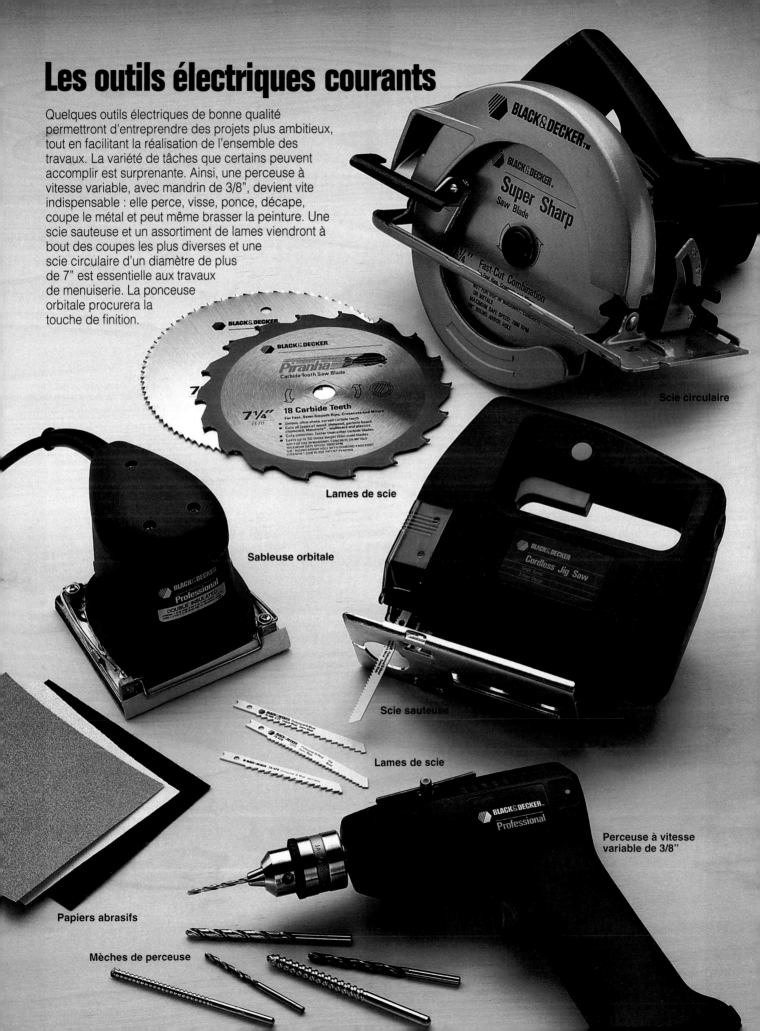

Scie circulaire

Lames de scie

Sableuse orbitale

Scie sauteuse

Lames de scie

Perceuse à vitesse variable de 3/8"

Papiers abrasifs

Mèches de perceuse

Des outils sur mesure

Munissez-vous de tournevis à pointes Phillips et à pointes droites de différentes grandeurs. L'utilisation d'un mauvais tournevis peut endommager la vis, ou pire, l'ouvrage.

N'utilisez pas les tournevis comme ciseau ou levier. Une tige pliée ou une pointe endommagée peuvent faire glisser le tournevis et marquer l'ouvrage.

Les pinceaux à soies naturelles assurent un fini plus doux aux peintures à base d'alkyde et aux vernis.

Les pinceaux à soies synthétiques, ici un mélange de nylon et de polyester, conviennent très bien aux latex.

Gardez les ciseaux et autres outils coupants bien affûtés. Travailler avec des outils émoussés peut être dangereux.

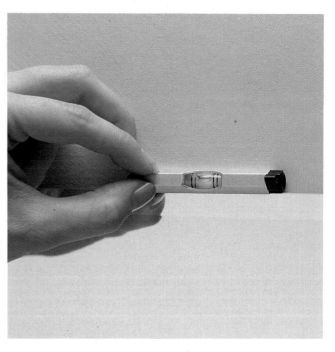

Un petit niveau de ligne, destiné à aligner des panneaux de maçonnerie, peut servir à mettre de niveau les miroirs et les tableaux.

Les pinceaux d'éponge servent aux petits travaux et aux retouches, et peuvent être jetés après usage.

Achetez des serres pour retenir les pièces pendant que vous les sablez ou les percez. Elles seront aussi utiles pour les tenir pendant le séchage de la colle.

Ajoutez des poignées aux limes d'atelier afin d'assurer une prise sécuritaire et confortable lorsque vous travaillez le métal. Les limes existent dans les formes les plus variées afin de s'adapter à tous les types d'ouvrages.

Faites une encoche à l'aide d'un poinçon avant de percer le métal; elle guidera la mèche.

Utilisez une perceuse à vitesse variable pour percer le métal. Maintenez-la à bas régime pour un travail en douceur et éviter d'émousser la mèche.

Ajoutez à votre coffre une panoplie de scies et de lames pour exécuter toutes les coupes. La scie circulaire est indispensable pour les pièces de charpente tandis que la sauteuse s'attaque aux coupes irrégulières.

Utilisez un pistolet-colleur pour fixer les coins de renforcement ou les petites pièces qui fendraient si on les clouait.

N'utilisez pas la panne d'un marteau comme outil à tout faire. Elle est seulement conçue pour guider et retirer les clous.

Trucs-info

Un marteau qui perd la tête peut devenir dangereux pour celles des autres. En effet, un manche de bois est très sensible aux fluctuations de température. Alors faites-le tremper dans l'eau pendant 24 heures, pour le faire gonfler, et ensuite dans un bain de paraffine, afin qu'il conserve son volume. Enduisez ia tête d'huile à moteur légère pour éviter qu'elle rouille.

Les outils coupants ont une **carrière en dents de scie**. Pour qu'ils conservent leur caractère tranchant sans s'émousser, il faut prendre quelques précautions. Les mèches et les forets cohabitent mal. Idéalement, il faut les ranger dans des étuis; sinon, on peut les planter dans un bloc de styromousse. Les dents de scie seront bien à l'abri dans un boyau d'arrosage fendu sur le long ou dans une lisière d'isolant à tuyau.

Inventez une équerre pour fixer un objet au mur, en traçant une ligne horizontale à l'aide d'un niveau à bulle, et en laissant pendre un fil à plomb. Vous aurez droit à deux lignes à l'équerre.

Les vis de formes différentes ont chacune un calibre adapté au travail à accomplir, et elles en font à leur tête. La tête ronde ou ovale est d'un accès plus facile pour le démontage, tandis que la tête plate peut disparaître sous la surface. Le calibre indique leur diamètre et est numéroté de 2 à 16. La longueur compte également, puisque les vis doivent s'enfoncer aux deux tiers dans la base sur laquelle elles retiennent un matériau.

Nettoyez la tête du marteau avec du papier sablé pour la débarrasser des résidus laissés par l'enduit des clous. Cela réduira les faux coups.

La lame large et rigide de ce ruban à mesurer vous évite d'avoir recours à une autre personne pour en tenir l'autre extrémité.

Les scies sauteuses professionnelles sont construites solidement, et peuvent affronter de durs travaux et accomplir les coupes les plus diverses.

L'équerre à combinaison permet de marquer les coupes à onglets de 90 et de 45 degrés sur de petites pièces. Pour les grosses pièces, utilisez plutôt l'équerre de charpente.

Chaque vis a son tour

Un assortiment de vis comprend (de gauche à droite) : vis à bois à têtes plate et ovale, boulon plat à métal avec écrou, vis et rondelle pour panneaux de fibre, boulon mécanique, vis à fileter pour métal en feuille, vis pour placoplâtre et tire-fond.

Trucs-info

Quand les vis s'entêtent et refusent de bouger, il faut prendre les grands moyens. Une rainure légèrement endommagée pourra facilement être corrigée à l'aide d'un tournevis ou d'un burin. Dans les cas plus sérieux, utilisez une scie à métaux pour pratiquer une rainure perpendiculaire à l'originale. En désespoir de cause, creusez autour de la tête pour donner prise à une pince-étau, ou encore forez la vis pour dégager l'assemblage. Les vis à engagement carré (Robertson) et cruciforme (Phillips) sont très pratiques, parce que le tournevis n'a pas tendance à glisser sur l'ouvrage.

Un pas de vis en avant, deux pas en arrière. Les vis ont la mauvaise habitude de ne pas se plier à nos désirs. Pour qu'elles prennent leur trou facilement, on peut les frotter avec de la cire ou du savon. Puis, pour les empêcher d'en sortir, surtout si elles sont soumises à des vibrations, un peu de colle ou de vernis à ongles fera l'affaire.

Pour les attacher, la fin justifie les moyens. Les vis ont souvent besoin d'un support pour assurer un lien solide et durable. Les chevilles et les ancrages jouent justement ce rôle. Ces pièces se dilatent et s'agrippent aux parois à mesure que les vis s'enfoncent. Pour éviter que les bruits ne se transmettent aux parois, utilisez des chevilles élastomères, en caoutchouc semi-dur, pour fixer les appareils et la tuyauterie.

Choisissez une mèche d'un diamètre légèrement inférieur à celui du fût de la vis pour percer un avant-trou.

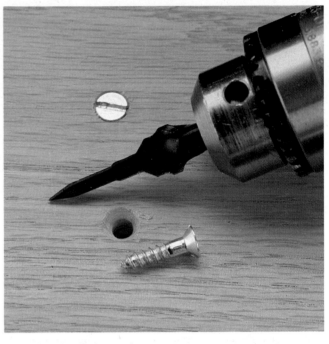

Creusez l'avant-trou et la fraise avec ce foret-fraise.

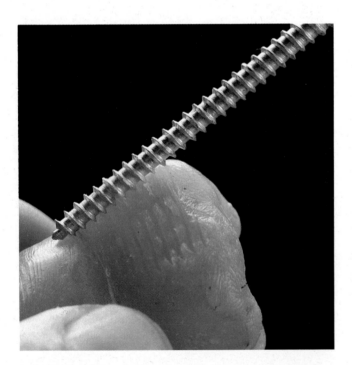

Lubrifiez la vis avec de la cire d'abeille pour en faciliter le vissage à l'aide d'un tournevis manuel ou électrique.

Choisissez le tournevis qui s'adapte le mieux à la vis. La lame étroite (à droite) pourrait glisser et endommager la vis.

Des boutons décoratifs, plats ou bombés, recouvriront les têtes de vis noyées.

Enfoncez les vis à fileter dans le métal en feuille à l'aide d'un tournevis électrique ou d'une perceuse munie d'une douille hexagonale.

Servez-vous d'un tee ou d'une cheville de bois pour combler les trous de vis qui sont trop grands. Coupez l'excédent et posez une nouvelle vis.

Pour mieux river son clou ...

Un assortiment de clous comprend (de gauche à droite) : clou annelé pour panneaux muraux, clou à toiture galvanisé, clou étanche à toiture, clou à ciment, clou à parquet, clou commun, clou à finir et enfin, clou à deux têtes pour travaux temporaires.

Faites un avant-trou dans le bois dur pour éviter qu'il fende. Servez-vous d'un clou à finir comme mèche, pour creuser le chemin.

Décalez les clous pour qu'ils ne se trouvent pas dans la même veine du bois, afin d'éviter qu'il fende.

Utilisez le marteau approprié pour de meilleurs résultats. Le marteau de tapissier, à l'arrière, est magnétisé pour retenir les broquettes. Il est aussi léger, ce qui évite d'endommager le bois.

L'assemblage en bout est utilisé surtout pour les travaux de charpente.

Évitez d'endommager le bois en vous servant d'un chasse-clou.

Utilisez un poinçon de tapissier pour placer les clous dans les cadres et autres petits ouvrages qu'un marteau pourrait endommager.

Plomberie

Plomberie de base

Montages de tiges de robinets

Huile pénétrante

Graisse de plombier

Ensemble pour diaphragme de robinet flotteur

Ensemble pour robinet-mélangeur à bille creuse

Ensemble pour aérateur de bec

Sièges de valves

Ensemble pour valve à piston de robinet flotteur

Rondelles

Joint étanche pour robinet flotteur

Clapet

Matériaux de plomberie ▶

La canalisation de plomberie de votre maison comprend en fait deux systèmes indépendants de tuyauterie. Les tuyaux du **système d'arrivée d'eau** sont relativement petits, de 1/2" à 1" de diamètre, et servent à alimenter en eau propre sous pression tous les appareils sanitaires de la maison. Le **système d'égout** comprend des tuyaux, de 1 1/4" et plus, pour le renvoi des eaux usées et l'aération (*Drain-Waste-Vent*). Ce deuxième système ne fonctionne pas par pression, mais bien par gravité.

La plupart des réparations de plomberie sont occasionnées par des **fuites** ou des **obstructions**. Les fuites découlent de la pression continuelle dans les tuyaux, les raccords et les appareils sanitaires. La cause des obstructions est le manque de pression dans le système d'égout.

Les pages qui suivent vous donneront de nombreux trucs et conseils de base sur la plomberie. Mais d'abord, la première règle : coupez l'arrivée d'eau et libérez la pression avant de faire quoi que ce soit!

Comment couper l'arrivée d'eau et vidanger les tuyaux

La **valve d'arrêt** de la conduite principale, souvent située près du mur de fondation ou encore du compteur d'eau, peut être fermée pour couper l'eau dans toute la maison. Ouvrez ensuite les robinets situés aux endroits les plus hauts et les plus bas de la maison, pour vider les tuyaux.

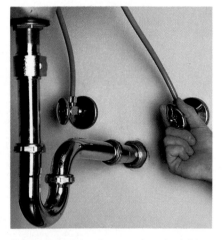

On retrouve de plus en plus de **valves d'arrêt individuelles** sur chacun des tuyaux d'alimentation en eau, sous les éviers et les cuvettes. Tournez la valve dans le sens des aiguilles d'une montre pour couper l'eau. Ouvrez le robinet ou actionnez la chasse pour évacuer l'eau résiduelle.

Scie à métaux

Clé à tuyau

Clé à cliquet et douille
profonde

Brosse rigide

Pince multiprise ou
réglable

Furet de dégorgement ou
dégorgeoir

Ensemble de clés
hexagonales (Allen)

Débouchoir de cuvette

Débouchoir ou ventouse
à bride

Outil à roder pour siège
de valve

Gicleur expansible

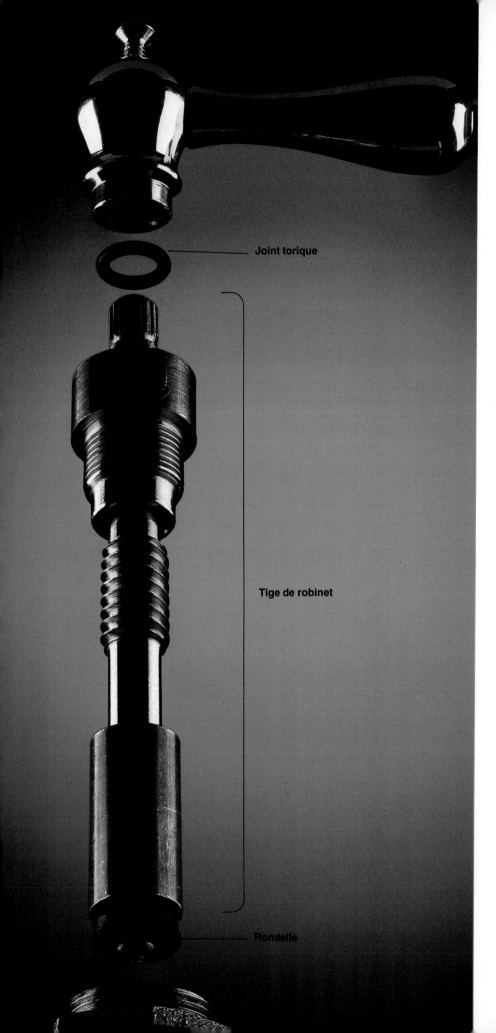

Joint torique

Tige de robinet

Rondelle

Réparer un robinet qui fuit

La cause la plus fréquente des fuites de robinets est sans doute le bris ou l'usure des rondelles et joints d'étanchéité.

Malgré la diversité des robinets, il est facile de remédier à ces problèmes car ces appareils sont tous constitués de pièces qu'on peut remplacer. Il faut d'abord bien identifier le type du robinet à réparer.

Lorsque vous démontez un robinet, travaillez avec soin et notez l'emplacement des différentes pièces. Avant d'entreprendre les travaux, assurez-vous de fermer l'arrivée d'eau.

CE DONT VOUS AVEZ BESOIN :

Outils et matériaux :

Robinet-mélangeur à bille : pince multiprise, ensemble(s) de réparation, couteau tout usage, tournevis.

Robinet à cartouche (valve à disques) : clés hexagonales, tournevis, cartouche.

Robinet à cartouche (type manchon) : tournevis, pince multiprise, pince à long bec, cartouche, rondelles, graisse thermorésistante.

Robinet à compression (tige et siège) : tournevis, pince multiprise, rondelles, joints toriques ou garniture (torsadée ou de teflon), couteau, graisse de plombier, clé pour siège, outil à polir, sièges de valve.

Les différents types de robinets

Les robinets à cartouche ne comportent pas de rondelle d'étanchéité et se présentent en différents modèles. La seule pièce à remplacer est une cartouche comportant toutes les pièces mécaniques, facilement accessible en retirant la manette. Les deux types de cartouches les plus courants sont à manchon ou avec valve à disques.

Les robinets à bille ne comportent qu'une seule manette, à base arrondie, qui surmonte un capuchon de même forme. Une vis située dans la base retient la manette. À l'intérieur, on retrouve une bille creuse, de métal ou de plastique, qui contrôle le débit et la température de l'eau.

Les robinets à compression (tige et siège) comprennent habituellement deux poignées, comme on retrouve sur les éviers et les bains. Ils comportent des rondelles qui s'appuient sur un siège, contrôlant ainsi le débit. Pour les démonter, il suffit d'enlever les vis sous les couvercles et de soulever les poignées.

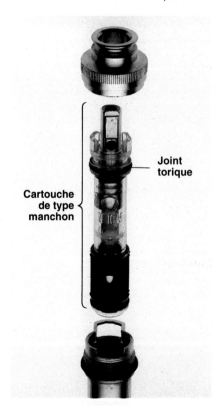

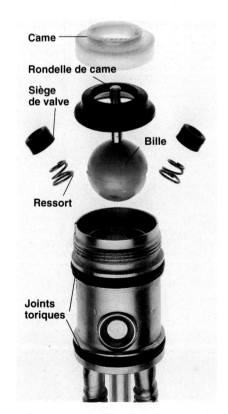

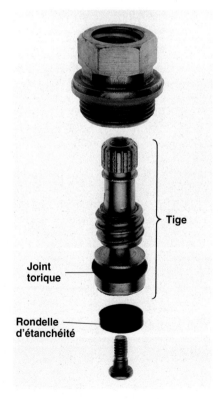

La pièce de rechange pour un robinet à cartouche est une cartouche neuve. N'essayez-pas de remplacer les joints toriques ou les anneaux d'une cartouche.

Les pièces de rechange pour ce type de robinet se retrouvent en deux ensembles différents; l'un comprend les sièges de valve et les ressorts, et l'autre offre la bille, la came et sa rondelle. On trouve également des ensembles complets.

Les pièces de rechange pour ces robinets sont les rondelles d'étanchéité et les joints toriques (ou les garnitures pour les modèles anciens).

Trucs et techniques pour les robinets et les becs

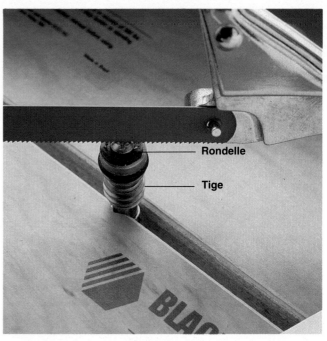

Évitez d'égratigner les pièces chromées en recouvrant les mâchoires des pinces de ruban-cache. Pour les robinets à deux poignées, travaillez sur un côté à la fois pour éviter d'intervertir les tiges des côtés froid et chaud.

Si la fente de la vis de retenue de la rondelle est endommagée, creusez-la légèrement avec une scie à métal. Si la tête de la vis se brise, délogez la rondelle et retirez la vis avec une pince à long bec.

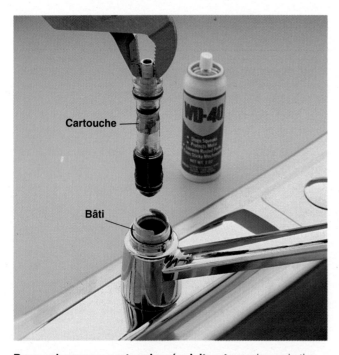

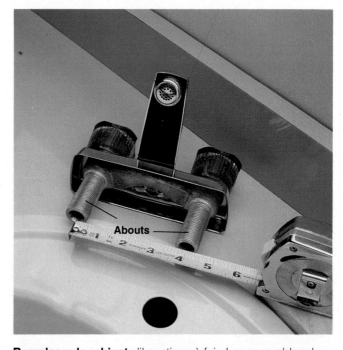

Pour enlever une cartouche récalcitrante, agrippez la tige de cartouche à l'aide d'une pince multiprise et effectuez des mouvements de va-et-vient. Un peu d'huile pénétrante peut s'avérer utile. Prenez soin de ne pas plier la cartouche ou endommager le bâti.

Remplacez le robinet s'il continue à fuir. Les ensembles de remplacement sont fournis avec un mode d'emploi complet; assurez-vous cependant d'avoir les bonnes mesures. Notez la distance, centre à centre, entre les abouts ou apportez le vieux robinet chez le marchand.

Nettoyez les embouts des becs si la pression vous semble faible ou le débit irrégulier. Démontez l'assemblage de l'aérateur du robinet ou du gicleur et nettoyez les dépôts minéraux à l'aide d'une brosse. Faites-les ensuite tremper toute la nuit dans une solution dissolvante avant de les remonter. Il vaut parfois mieux remplacer les pièces économiques que les nettoyer.

Trucs-info

Une bonne prise pour un coup sûr s'obtient en enroulant un bourrelet de coupe-froid autocollant autour des manches d'outils comme les marteaux.

Une solution douillette pour le chauffe-eau consiste à l'envelopper dans une couverture isolante, afin de réduire les pertes de chaleur. De plus, l'usure des pièces et la consommation d'énergie diminueront si vous procédez à une vidange annuelle du chauffe-eau, qui fera disparaître les dépôts calcaires. C'est une opération toute simple, qui se déroule comme suit : coupez le courant qui alimente le chauffe-eau; fermez l'arrivée d'eau froide; ouvrez un des robinets d'eau chaude de la maison; branchez un boyau d'arrosage au robinet de vidange situé au bas du réservoir; videz le réservoir jusqu'à ce que l'eau qui s'en écoule devienne claire; fermez le robinet de vidange et remplissez le réservoir; quand l'eau reprend son débit régulier, fermez le robinet d'eau chaude laissé ouvert et rétablissez le courant. Vous n'aurez pas à y revenir avant l'année suivante.

Réparer un robinet à bille

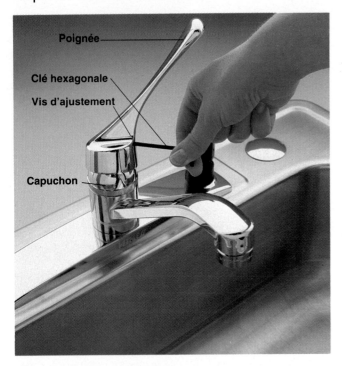

Poignée

Clé hexagonale

Vis d'ajustement

Capuchon

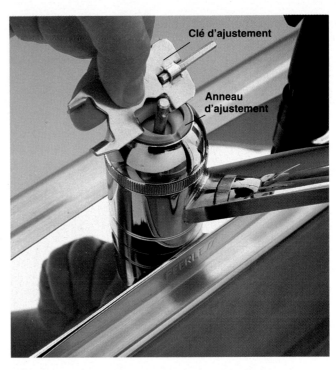

Clé d'ajustement

Anneau d'ajustement

1 Fermez l'arrivée d'eau. Desserrez la vis de montage avec une clé hexagonale (ou celle fournie avec l'ensemble). Retirez la poignée pour mettre à jour l'anneau d'ajustement se trouvant sur le capuchon.

2 Serrez l'anneau d'ajustement à l'aide de la clé fournie avec l'ensemble. Pour certains modèles, utilisez une pince multiprise pour resserrer le capuchon. Remettez la poignée en place et ouvrez l'eau. Si le robinet persiste à fuir, fermez l'eau et retirez la poignée du robinet.

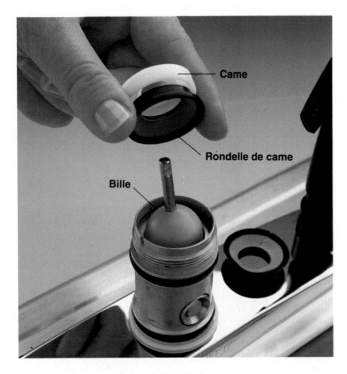

Came

Rondelle de came

Bille

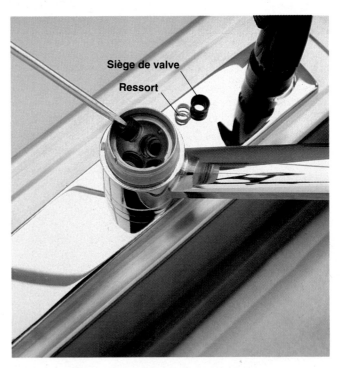

Siège de valve

Ressort

3 Dévissez le capuchon avec une pince multiprise dont les mâchoires sont recouvertes pour éviter les égratignures. Enlevez la came, sa rondelle et la bille.

4 Utilisez un tournevis pour retirer les sièges de valve et les ressorts. Achetez les sièges, les ressorts, la bille, la came et la rondelle, qui sont disponibles en ensembles.

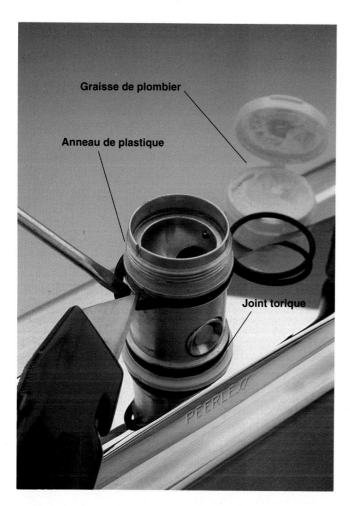

Graisse de plombier

Anneau de plastique

Joint torique

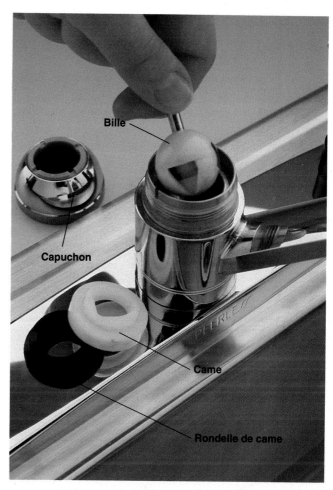

Bille

Capuchon

Came

Rondelle de came

5 Tirez le bec vers le haut, en le faisant pivoter. Enlevez les vieux joints toriques à l'aide d'un couteau. Enduisez les nouveaux joints de graisse de plombier et installez-les. Pressez le bec en place jusqu'à ce que le collier repose sur l'anneau de plastique.

6 Installez les nouveaux ressorts et les sièges, la nouvelle bille, la rondelle et la came. Remontez le robinet.

Trucs-info

L'eau court à sa perte à chaque fois que vous actionnez la chasse d'eau, puisque de 18 à 28 litres vont alors tout bonnement alimenter l'usine de traitement. Donnez-lui un répit en installant dans le réservoir de la cuvette une bouteille de plastique remplie de sable ou... d'eau. Le volume occupé par celle-ci réduit d'autant celui de l'eau

utilisée normalement. Il faut bien sûr éviter de nuire au fonctionnement du mécanisme.

Un bain de sable et d'huile nettoyera les outils de jardin et les préservera de la rouille. Après usage, enfoncez les outils dans un seau de sable généreusement arrosé d'huile de vidange.

Réparer un robinet à cartouche (type à disques)

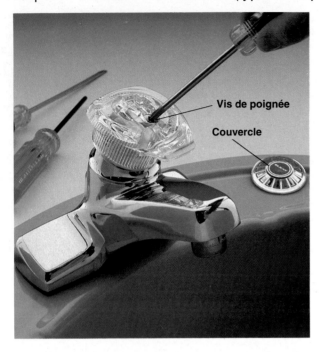

Vis de poignée

Couvercle

1 Fermez l'arrivée d'eau. Soulevez le couvercle et enlevez la vis de la poignée. Retirez la poignée.

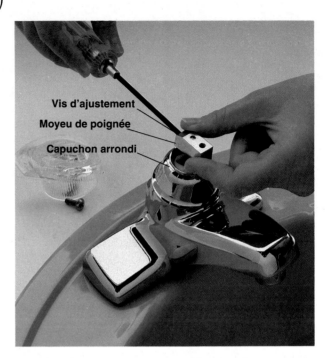

Vis d'ajustement

Moyeu de poignée

Capuchon arrondi

2 Utilisez une clé hexagonale pour desserrer la vis d'ajustement et retirez le moyeu. Dévissez et enlevez le capuchon.

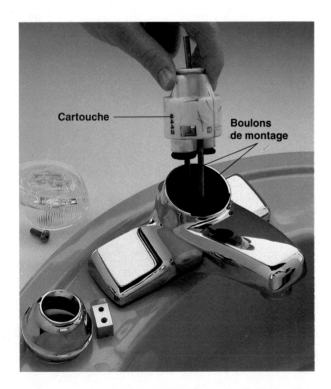

Cartouche

Boulons de montage

3 Enlevez les vis de montage qui retiennent la cartouche au robinet et retirez-la. Remplacez par une cartouche identique.

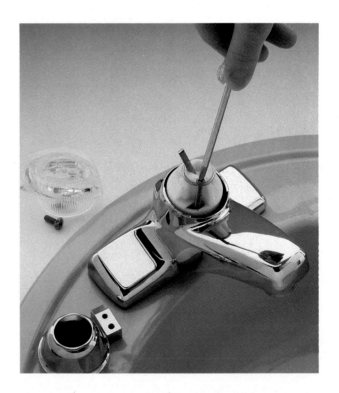

4 Insérez la nouvelle cartouche dans le robinet et replacez les vis. Revissez le capuchon. Remettez en place le moyeu, la poignée et le couvercle.

Réparer un robinet à cartouche (type à manchon)

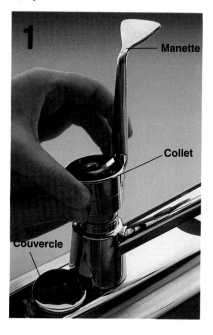

Manette

Collet

Couvercle

Écrou de retenue

1 Fermez l'arrivée d'eau. Enlevez le couvercle, de même que la vis qui se trouve dessous. Mettez la manette en position verticale afin de libérer le levier interne de l'écrou de retenue. Soulevez et posez de côté.

2 Enlevez l'écrou de retenue à l'aide d'une pince multiprise (Pour certains modèles, vous devrez également enlever un collet rainuré se trouvant sous l'écrou).

Bride de retenue

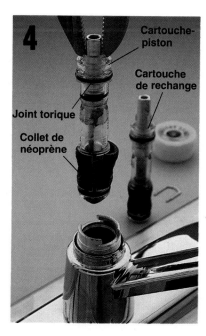

Cartouche-piston

Cartouche de rechange

Joint torique

Collet de néoprène

3 Tirez la bride de retenue avec une pince à long bec.

4 Saisissez la tige de cartouche avec une pince multiprise et tirez vers le haut. Installez une cartouche identique et fixez la bride de retenue.

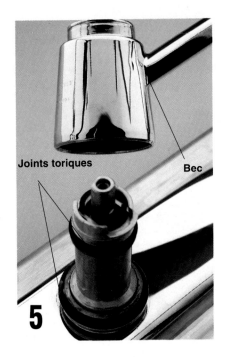

Joints toriques

Bec

5

Levier interne

5 Soulevez le bec en le faisant pivoter. Enlevez les joints à l'aide d'un couteau. Étalez un peu de graisse de plombier avant d'installer les nouveaux joints. Replacez le bec et l'écrou de retenue.

6 Relevez la manette en tenant fermement le collet. Glissez le côté plat du levier interne par-dessus la lèvre de l'écrou de retenue. Vissez en place et remettez le couvercle.

Trucs-info

Faites de l'air. Les aérateurs de robinets mélangent l'air à l'eau pour en réduire la consommation. Avec ou sans régulateur, l'aérateur permet des économies annuelles d'au moins 5 000 litres d'eau chaude et froide par robinet. Si on ajoute un interrupteur de débit à la douche, qui permet de réduire l'écoulement d'eau durant le savonnage, on coupe la consommation d'un autre 29 000 litres.

Le tube de l'hiver, c'est celui qui entoure les tuyaux d'eau chaude passant dans les endroits non chauffés. Il existe une grande variété de tubes isolants de plastique ou de fibre de verre qui feront le tour de la question en quelques minutes. En effet, il ne s'agit que de les enfiler et, éventuellement, les coller. En plus des économies d'énergie réalisées, ceci permettra de protéger les tuyaux exposés au va-et-vient du sous-sol.

Réparer un robinet à rondelle

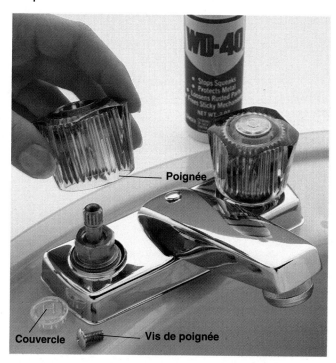

Poignée

Couvercle **Vis de poignée**

1 Fermez l'arrivée d'eau. Enlevez la vis qui retient la poignée, qui peut se trouver sous un couvercle. Enlevez la poignée. Si elle résiste, vaporisez quelques gouttes d'huile pénétrante et secouez légèrement en tirant.

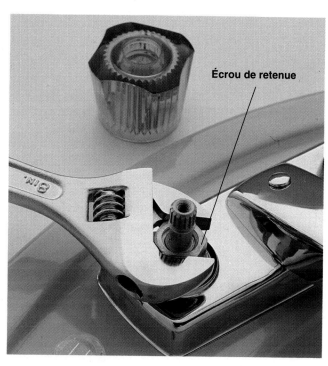

Écrou de retenue

2 Desserrez l'écrou de retenue avec une clé à molette ou une pince multiprise. Retirez l'écrou et la tige du robinet.

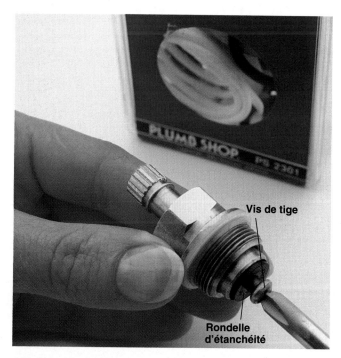

Vis de tige

Rondelle d'étanchéité

3 Dévissez la vis de laiton et extirpez la rondelle. Remplacez-la par une rondelle identique. Si la vis montre des signes d'usure, changez-la. Les ensembles de réparation contiennent une variété de vis et de rondelles.

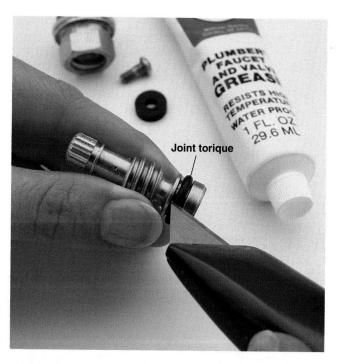

Joint torique

4 Enlevez le joint torique de la tige avec un couteau et remplacez-le. Enduisez toutes les parties mécaniques, incluant la douille de la poignée, de graisse de plombier. Examinez le siège de la valve. S'il est piqueté, remplacez-le ou rodez-le avant de remonter le robinet.

Réparer un robinet à rondelle (suite)

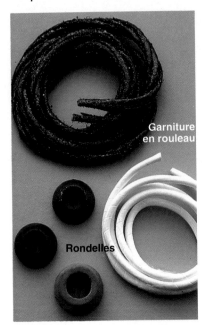

Garniture en rouleau

Rondelles

Dans les anciens robinets, une garniture ou une rondelle jouaient le rôle du joint torique sous le presse-étoupe. Dans ce cas, remplacez la rondelle ou faites faire 5 ou 6 tours à la garniture dans le sens du fil, sous le presse-étoupe.

Tige à chapeau

Diaphragme haut-de-forme

Rondelles biseautées

Rondelles diverses : Les robinets avec tige à chapeau comportent un diaphragme qui rappelle un haut-de-forme. Pour arrêter les fuites, il suffit de remplacer la rondelle du diaphragme. Une tige à pression inversée est munie d'une rondelle biseautée qui s'adapte à l'extrémité biseautée de la tige.

Démonter un robinet mural

Écusson

Vis de retenue

Écrou presse-étoupe (en retrait)

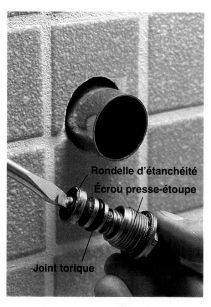

Rondelle d'étanchéité

Écrou presse-étoupe

Joint torique

1 Pour les robinets à poignées doubles, procédez de la même manière qu'avec les robinets d'évier. Enlevez l'écusson, qui peut être retenu par une vis.

2 Retirez l'écrou avec une clé à cliquet munie d'une douille profonde. Si nécessaire, facilitez le passage de l'écrou en cassant le pourtour de tuile ou de ciment. Si l'écrou résiste, vaporisez d'huile pénétrante et attendez 15 minutes.

3 Remplacez la rondelle d'étanchéité. Enlevez et remplacez le joint torique et la garniture. Lubrifiez légèrement la tige et remontez le robinet.

Remplacer ou roder un siège de valve

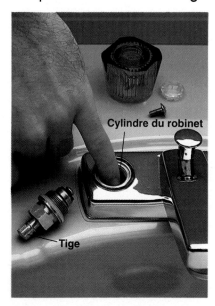

Cylindre du robinet

Tige

Clé pour siège

Siège de valve

Écrou de retenue

Clé à roder

Bague de guidage

1 Une fuite persistante peut découler de l'usure du siège de valve en laiton. Retirez la tige et touchez le siège du doigt. S'il est rugueux, remplacez ou rodez-le à l'aide d'un outil à roder.

2 Retirez le siège de valve usé à l'aide d'une clé pour siège. Trouvez la pointe appropriée et dévissez le siège, remplacez avec la clé. Si vous ne pouvez l'enlever, passez à l'étape suivante.

Pour roder un siège utilisez une bague de guidage s'adaptant au robinet. Fixez la bague à la clé et insérez dans le robinet. Resserrez l'écrou légèrement. Pressez doucement la clé sur le siège et tournez dans le sens horaire pour l'adoucir.

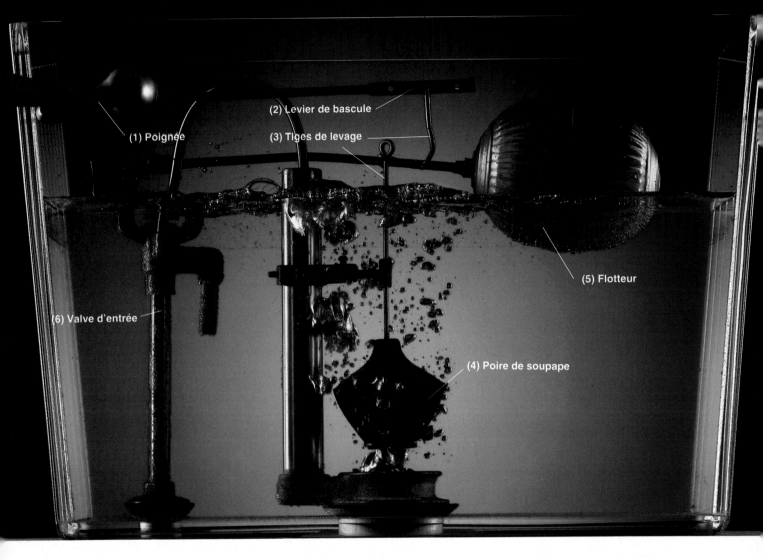

(1) Poignée
(2) Levier de bascule
(3) Tiges de levage
(5) Flotteur
(6) Valve d'entrée
(4) Poire de soupape

Toutes les toilettes à réservoir fonctionnent comme suit : quand vous actionnez la poignée (1), le levier de bascule (2) relié à la chaînette ou aux tiges de levage (3) soulève la poire de soupape (4) ou le clapet du fond du réservoir. L'eau fraîche descend alors rapidement dans la cuvette. À mesure que le niveau d'eau baisse, le flotteur (5) commande l'ouverture de la valve d'entrée (6) qui permet le remplissage du réservoir.

Réparer une chasse d'eau

Quand l'eau coule sans arrêt dans une toilette, c'est que la valve d'entrée n'interrompt pas l'arrivée d'eau fraîche à la fin du cycle. Ce problème peut avoir trois origines : un flotteur mal ajusté, une valve d'entrée défectueuse ou encore une défaillance du clapet ou de la poire de soupape.

CE DONT VOUS AVEZ BESOIN :

papier d'émeri, tournevis et ensemble de réparation de valve d'entrée.

Ajuster la chasse d'eau

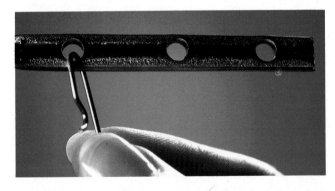

Si la chasse fonctionne trop lentement, redressez les tiges de levage ou la chaîne. Vous aurez peut-être à mettre une chaîne plus longue. Si la chasse ne fonctionne pas ou que vous devez maintenir la poignée vers le bas pour l'actionner, fixez la tige ou la chaînette plus près de la poignée sur le levier de bascule.

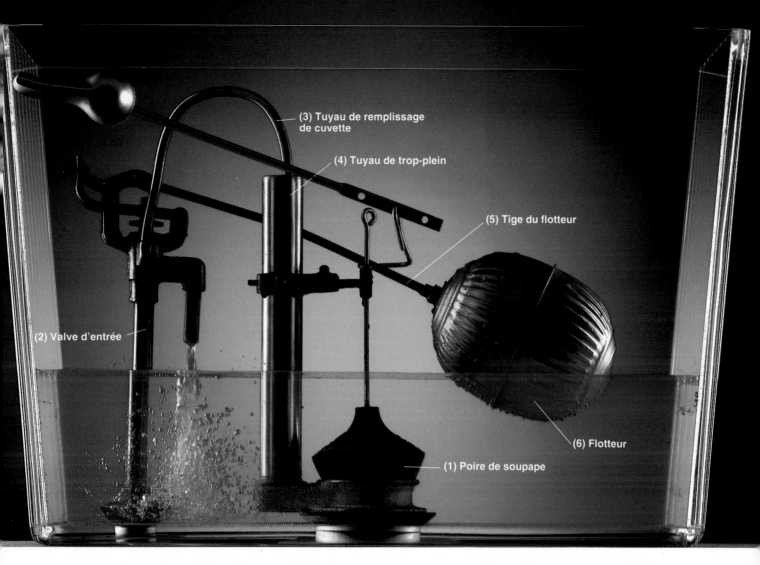

(3) Tuyau de remplissage de cuvette

(4) Tuyau de trop-plein

(5) Tige du flotteur

(2) Valve d'entrée

(6) Flotteur

(1) Poire de soupape

Quand le réservoir est vide, la poire (1) ou le clapet retombe en place pour boucher le réservoir. L'eau venant de la valve d'entrée (2) remplit le réservoir pendant que le tuyau de remplissage de cuvette (3) laisse couler de l'eau par le tuyau de trop-plein (4) pour rétablir le niveau de la cuvette. À mesure que l'eau monte dans le réservoir, la tige (5) du flotteur (6) referme la valve d'entrée.

Comment trouver le problème

Enlevez le couvercle et regardez dans le réservoir. Si l'eau s'engouffre dans le tuyau de trop-plein, ajustez le flotteur. Si malgré cela le problème persiste, réparez la valve d'entrée.

Si l'eau coule sans remplir le réservoir, réparez alors la poire de soupape ou le clapet.

Ajuster le flotteur

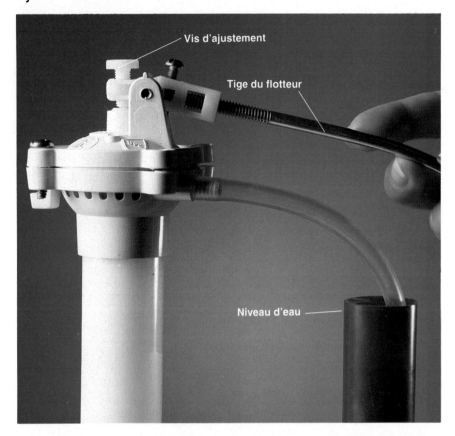

Vis d'ajustement

Tige du flotteur

Niveau d'eau

Réservoir avec flotteur à tige. Pliez légèrement la tige du flotteur. Le niveau d'eau du réservoir devrait se maintenir à environ 1/2 pouce du rebord du tuyau de trop-plein. Certaines valves d'entrée sont munies d'une vis pour les ajustements légers. Le flotteur ne doit pas entrer en contact avec les parois du réservoir. Remplacez un flotteur qui prend l'eau.

Barre

Flotteur coulissant

Tige de levage

Agrafe à ressort

Réservoir à flotteur coulissant. Pincez l'agrafe à ressort reliée à la tige pour ajuster la hauteur du flotteur. Glissez le flotteur vers le bas pour abaisser le niveau d'eau dans le réservoir.

Ajuster la poire et le clapet

Poire

Siège de valve

Papier d'émeri

1 Fermez le robinet d'arrivée d'eau et tirez la chasse pour vider le réservoir. Soulevez la poire ou décrochez le clapet. Polissez légèrement le siège et son pourtour avec un papier d'émeri.

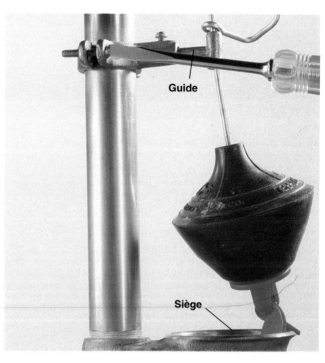

Guide

Siège

2 Alignez la poire en dévissant le guide pour le placer directement au-dessus du siège. Remplacez une poire ou un clapet qui sont mous ou fendus.

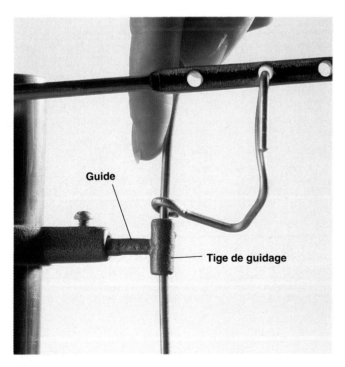

Guide

Tige de guidage

3 Redressez la tige de levage sur l'assemblage de la poire. La poire devrait se lever et s'abaisser doucement quand le levier bascule. Ouvrez l'eau pour remplir le réservoir et essayez la chasse.

Trucs-info

À marée montante, il faut réagir rapidement. Les fuites dans la tuyauterie peuvent avoir plusieurs causes, mais n'ont qu'un seul remède immédiat en attendant la véritable réparation : le garrottage. Une fuite au raccord peut se régler par un resserrage; sinon, de la pâte ou de la colle à base d'époxyde devraient pouvoir colmater la brèche. Un tuyau fendu demande un traitement à la mesure des dommages : un morceau de caoutchouc, enroulé autour de l'endroit endommagé et fixé par des brides à vis, endiguera la fuite.

Réparer le piston de la valve d'entrée

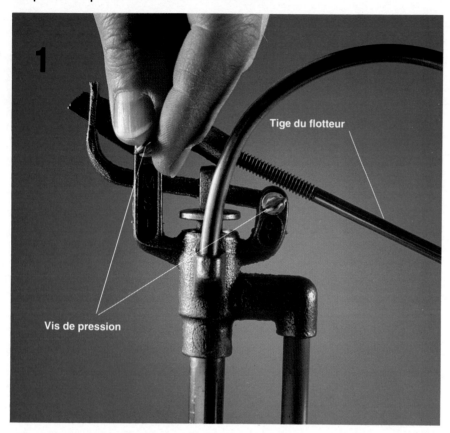

Tige du flotteur

Vis de pression

1 Fermez le robinet d'arrivée et tirez la chasse pour vider le réservoir. Retirez les vis et la tige du flotteur.

2 Retirez le piston. Enlevez la rondelle (si nécessaire retirez la vis de tige) et le joint torique.

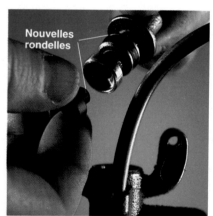

Nouvelles rondelles

3 Remplacez les rondelles. Nettoyez les dépôts à l'intérieur de la valve et réassemblez.

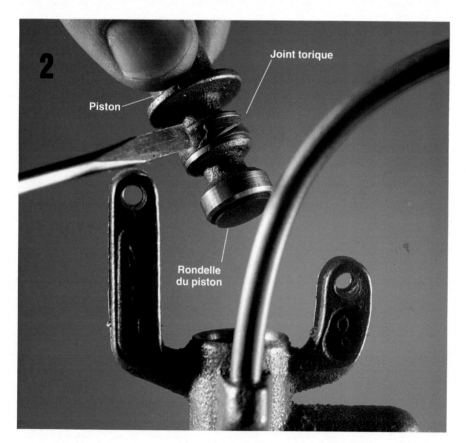

Joint torique

Piston

Rondelle du piston

Réparer une valve d'entrée à diaphragme

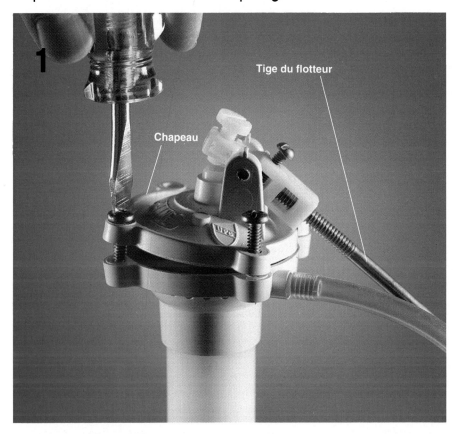

Tige du flotteur

Chapeau

1 Fermez l'arrivée d'eau et tirez la chasse d'eau pour vider le réservoir. Retirez les vis du chapeau.

2 Soulevez la tige du flotteur avec le bonnet. Vérifiez l'usure du piston de valve et du diaphragme.

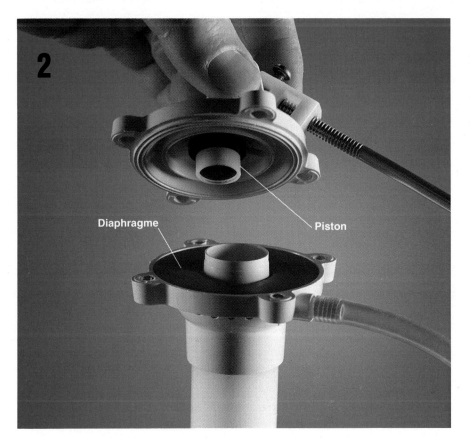

Diaphragme

Piston

Piston

3 Remplacez les pièces qui sont raides ou fendues. Si l'assemblage est trop usé, changez la valve au complet.

Réparer un flotteur coulissant

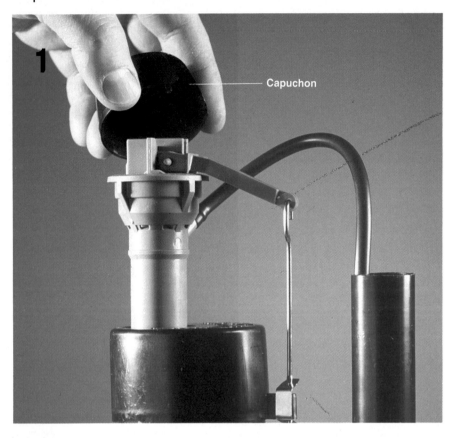

Capuchon

1 Fermez l'arrivée d'eau et tirez la chasse pour vider le réservoir. Enlevez le capuchon.

2 Appuyez vers le bas et tournez vers la gauche pour enlever le bonnet. Examinez l'intérieur et nettoyez les dépôts.

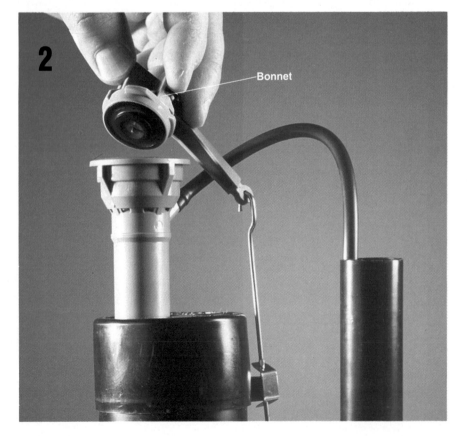

Bonnet

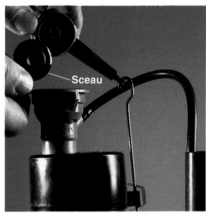

Sceau

3 Remplacez le sceau de la valve. Si l'assemblage est trop usé, remplacez la valve au complet.

Déboucher un renvoi d'eau

Lorsque l'eau s'égoutte lentement d'un renvoi d'eau (évier, douche, toilette) ou que ce dernier est carrément bouché, c'est qu'il y a accumulation de déchets (graisse, cheveux, etc.) dans le tuyau d'évacuation menant à l'égout. Heureusement, votre système d'égout comprend plusieurs points d'accès vous permettant de remédier à ces problèmes d'obstruction.

Chacun de vos appareils sanitaires est pourvu d'un siphon, soit un tuyau courbé conçu pour retenir une garde d'eau qui empêche le passage des gaz. La plupart des siphons possèdent un bouchon d'accès qui s'avère très pratique dans le cas d'obstruction majeure du renvoi.

S'il n'y a qu'un renvoi de bouché, utilisez une ventouse ou encore un gicleur expansible.

Quelquefois, les renvois des appareils sanitaires d'un étage sont reliés à un même collecteur d'évacuation se déversant dans un tuyau de chute unique.

CE DONT VOUS AVEZ BESOIN :

Débouchoir (ou ventouse), tournevis, gicleur expansible, pince multiprise, brosse métallique, clé à tuyau, dégorgeoir, gants de caoutchouc, seau, dissolvant au sulfate de cuivre pour racines, graisse à l'épreuve de la chaleur, vinaigre ou solution pour éliminer la corrosion.

Comment utiliser un débouchoir (ventouse)

1 Enlevez la crépine ou le bouchon d'arrêt. Sur certains modèles de renvois à vidage mécanique, dévissez l'écrou retenant la tringle de bascule à l'oeil du bouchon, sous l'évier. Certains bouchons d'arrêt mécanique se soulèvent tout simplement, alors que d'autres doivent être dévissés.

2 Bouchez l'ouverture du trop-plein avec un chiffon humide. Placez la ventouse sur le renvoi et remplissez d'eau de façon à la couvrir. Actionnez la ventouse de haut en bas et de bas en haut plusieurs fois, de façon à ce que l'eau soit forcée de s'écouler. Pendant toute la durée de cette opération, le rebord de la ventouse doit adhérer au contour du renvoi.

Dans le cas de baignoires avec renvoi d'eau à vidage mécanique, enlevez les vis de la plaque de trop-plein et retirez doucement le mécanisme de déclenchement du tuyau. Retirez le bouchon et sa tringle de bascule. Obstruez l'ouverture du trop-plein avec un chiffon humide avant d'entreprendre le débouchage du renvoi d'eau.

Comment utiliser un gicleur expansible

Un gicleur expansible est très utile dans le cas de petites obstructions des renvois d'évier munis de simples bouchons de blocage. Vissez le gicleur à un boyau d'arrosage et ce dernier à un robinet. Retirez le bouchon et insérez le gicleur. En ouvrant le robinet, le gicleur se remplit de façon à obstruer le renvoi et émet des jets d'eau sous pression qui dégageront les saletés.

Un renvoi de plancher ou de douche peut aussi être débouché à l'aide d'un gicleur expansible. Une fois le renvoi débouché, coupez l'eau et attendez que le gicleur se vide avant de le retirer.

Trucs-info

Faites attention lorsque vous utilisez des solutions chimiques pour déboucher un renvoi d'eau. Ces produits dégagent une chaleur telle qu'ils pourraient endommager les tuyaux et même abîmer les surfaces émaillées. Ne versez jamais ces solutions dans de l'eau stagnante, et si par mégarde vous l'avez fait, n'utilisez surtout pas un débouchoir. Assurez-vous aussi de toujours porter des lunettes protectrices.

Déboucher un siphon

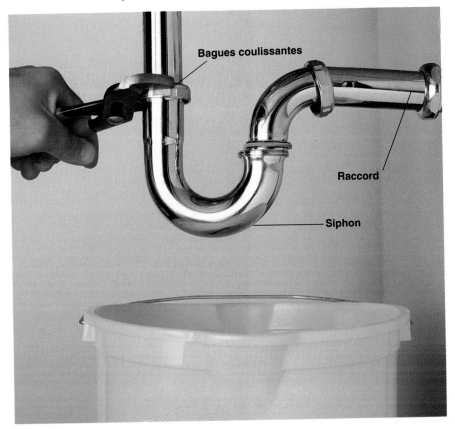

Bagues coulissantes

Raccord

Siphon

1 Placez un seau sous le siphon, afin de recueillir l'eau et les débris. Portez des gants de caoutchouc si vous avez utilisé un nettoyeur chimique. Desserrez les bagues coulissantes avec une pince multiprise et éloignez-les l'une de l'autre. Retirez le siphon.

2 Jetez les débris et nettoyez l'intérieur du siphon à l'aide d'une brosse. Remplacez un siphon rouillé. Réassemblez le siphon en resserrant les bagues, sans forcer. Essayez le renvoi et donnez un quart de tour supplémentaire si l'eau coule.

Déboucher un renvoi secondaire (tuyau de laiton chromé)

Bague coulissante

Tuyau de raccord

Siphon

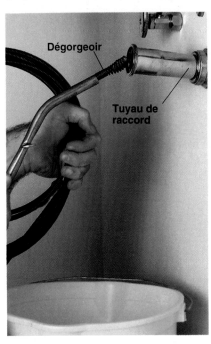

Dégorgeoir

Tuyau de raccord

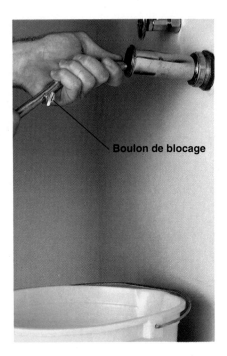

Boulon de blocage

1 Placez un seau sous le siphon et le tuyau. Retirez le siphon. Utilisez une pince multiprise ou une clé à tuyau pour desserrer le tuyau de raccord.

2 Retirez la bague manuellement et enlevez le raccord; mettez de côté. Faites pénétrer le dégorgeoir jusqu'à ce qu'il atteigne ce qui crée l'obstruction. Serrez le boulon de blocage de la poignée du dégorgeoir.

3 Faites tourner le dégorgeoir dans le sens horaire. À mesure que le bouchon se défait, enfoncez un peu plus le dégorgeoir. Quand il tourne librement, retirez-le tout en tournant. Réassemblez le drain, donnez quelques poussées vigoureuses avec une ventouse et faites couler l'eau.

Trucs-info

Sous nos latitudes, il faut compter avec le gel. On doit donc prendre certaines précautions pour les tuyaux les plus exposés, dont ceux qui parcourent des endroits non chauffés. L'isolation n'empêchera pas le gel mais les protègera contre les basses températures, en plus d'arrêter le suintement des tuyaux d'eau froide. Un fil électrique chauffant vous évitera les problèmes reliés au gel. Le cas échéant, vous pouvez dégeler un tuyau avec un séchoir à cheveux, une lampe, un chalumeau ou encore un fer à repasser. Il s'agit alors de chauffer le tuyau à partir d'un robinet ouvert, en allant vers l'endroit gelé.

La vapeur pourra ainsi s'échapper, et le tuyau ne risquera pas d'éclater, l'eau ayant une porte de sortie. Si vous travaillez à l'extérieur avec un outil non relié à la terre, portez des gants pour éviter de prendre des chocs.

Lorsque votre lave-vaisselle déborde... d'énergie, un verre de vinaigre versé à l'intérieur contiendra ses humeurs moussantes. Si c'est de l'eau qui déborde, coupez l'entrée d'eau et vérifiez le filtre du tuyau de vidange, qui pourrait être obstrué par des débris ou de la graisse. Le contrôle électrique peut également être en cause.

Installer un siphon (tuyauterie en PVC)

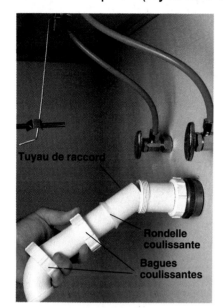

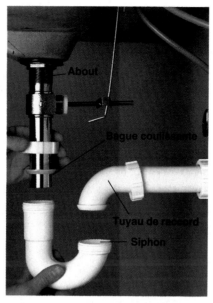

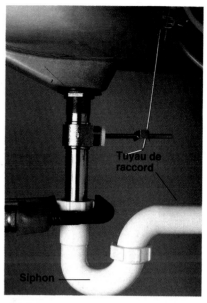

1 Glissez autour du tuyau de raccord, dans l'ordre : une bague coulissante (fil en premier), l'autre bague (fil en dernier) et la rondelle coulissante (le côté biseauté en dernier). Insérez le tuyau de raccord dans le renvoi, d'environ 11/2 pouce. Glissez la rondelle sur le joint et vissez la bague manuellement.

2 Ajustez le tuyau de raccord de manière à ce qu'il joigne l'extrémité courte du siphon. Serrez toutes les bagues avec une pince multiprise ou une clé à tuyau, sans les forcer. Testez le drain en faisant couler l'eau. S'il dégoutte, resserrez d'un quart de tour.

3 Déplacez le tuyau de raccord de manière à ce qu'il soit aligné avec l'extrémité courte du siphon. Serrez tous les écrous avec la pince multiprise ou une clé à tuyau, sans les forcer. Faites un essai et resserrez s'il y a une fuite d'eau.

Enlever les racines d'une conduite d'égout

1 Enlevez le bouchon d'égout avec une clé à tuyau. Si le bouchon est rouillé, percez quelques trous avec une perceuse et brisez-le avec un marteau à panne ronde. Installez un nouveau bouchon après le nettoyage.

2 Versez 2 tasses de dissolvant à racines au sulfate de cuivre dans l'orifice. Replacez le bouchon. Laissez agir le dissolvant toute la nuit avant d'y envoyer de l'eau. Les racines seront tuées par les cristaux et ensuite évacuées par l'eau.

Nettoyer et ajuster un bouchon articulé

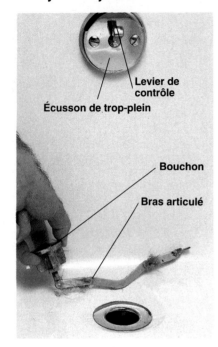

Levier de contrôle

Écusson de trop-plein

Bouchon

Bras articulé

Ensemble de levage

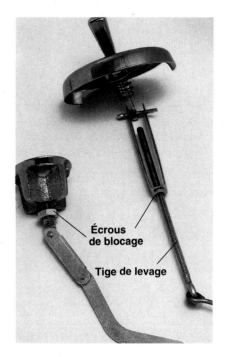

Écrous de blocage

Tige de levage

1 Amenez le levier de contrôle à la position ouverte. Soulevez le bouchon et sortez délicatement le bras articulé du renvoi. Nettoyez le montage du bouchon.

2 Enlevez les vis de l'écusson et retirez l'ensemble de levage du tuyau de trop-plein. Nettoyez avec une brosse rigide. Enlevez la rouille avec un dissolvant à la lime ou du vinaigre. Lubrifiez toutes les pièces avec de la graisse de plombier.

3 Les écrous de blocage permettent d'ajuster la position du bouchon. Si l'eau coule quand le bouchon est fermé, desserrez l'écrou et vissez le bouchon vers le bas. Si l'écoulement est trop lent, élevez la position du bouchon. Faites des ajustements plus importants en modifiant la position de la tige de levage.

Trucs-info

Un furet de fortune. Si la cuvette de votre toilette se bouche et que vous n'avez ni débouchoir ni ventouse, vous pourrez toujours avoir recours à un... cintre! À l'aide d'une pince, coupez au milieu de la section de la base. Ne gardez que la partie portant le crochet et redressez-la. Faites un petit crochet à l'autre extrémité : voilà un furet de fortune pour solutionner votre problème. Toutefois, fort de cette expérience, n'attendez pas trop pour vous procurer une ventouse ou un débouchoir!

Vaincre les coups de bélier. Lorsque vous fermez un robinet d'eau chaude ou d'eau froide, il se peut que vous entendiez un bruit sourd dans les murs. La fermeture d'un robinet provoque toujours une onde de retour dans les tuyaux d'amenée d'eau. Habituellement, cette onde est amortie par les colonnes d'air qu'on retrouve dans le prolongement des tuyaux d'arrivée d'eau, mais il peut occasionnellement se produire des «coups de béliers». Ils peuvent non seulement provoquer du bruit mais aussi endommager les tuyaux, et s'ils sont fréquents, il faudra penser à vidanger les colonnes d'air. Fermez d'abord la valve d'arrivée d'eau de la maison et ouvrez les robinets des appareils, pour que l'eau puisse s'écouler complètement. En faisant l'opération inverse (ouverture de la valve et fermeture des robinets), vous rétablirez le coussin d'air nécessaire pour absorber les ondes de retour.

Ajuster le bouchon à levier d'un évier

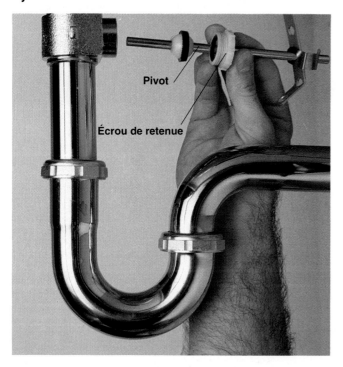

Pivot

Écrou de retenue

1 Placez le bouchon en position ouverte. Dévissez l'écrou de retenue sous l'évier et enlevez le pivot pour libérer le noyau. Retirez le bouchon en tournant dans le sens contraire des aiguilles d'une montre.

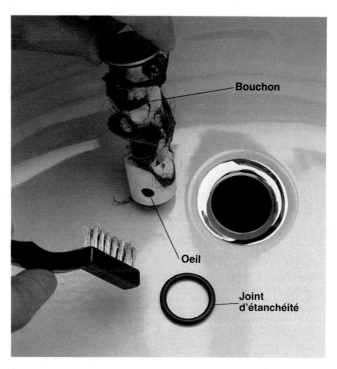

Bouchon

Oeil

Joint d'étanchéité

2 Nettoyez l'assemblage du bouchon. Enlevez tout joint usé et remplacez-le. Remettez le tout dans le renvoi. Si le mécanisme comporte un oeil, alignez-le vers le pivot. Insérez le pivot et resserrez l'écrou de retenue.

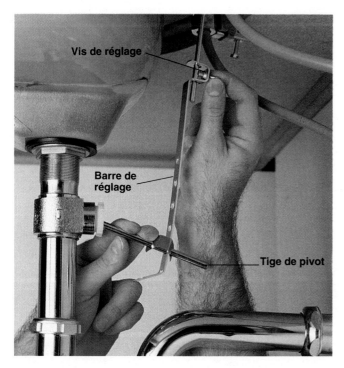

Vis de réglage

Barre de réglage

Tige de pivot

3 Si l'eau de l'évier s'écoule mal, desserrez la vis de réglage. Tirez la tige de pivot vers le bas et resserrez. Si le mécanisme n'opère pas en douceur, déplacez la tige vers un trou plus élevé de la barre.

Trucs-info

Quand les siphons ont atteint leur quota, **la petite vache vient à la rescousse**. Le bicarbonate de soude possède des vertus surprenantes. Il fera briller l'extérieur chromé des tuyaux et désinfectera l'intérieur des siphons. Combinez 1 tasse de bicarbonate, 1 tasse de sel et 1/2 tasse de crème de tartre. Versez un quart de tasse de ce mélange, suivi de 2 tasses d'eau bouillante, et laissez reposer quelques minutes avant de faire couler l'eau froide. Conservez le mélange dans un contenant fermé.

Déboucher un cabinet

Les toilettes se bouchent habituellement au niveau de leur **siphon** intégré. Leur localisation dépend du type de toilette. Les modèles les plus courants de toilettes à jet se vident par un **drain** vers l'arrière de la cuvette.

Commencez l'opération en vidant la cuvette. Enfilez un gant de caoutchouc et tâchez d'atteindre l'objet qui cause l'obstruction, par le drain de la cuvette. Si vous n'y parvenez pas, procédez comme suit.

CE DONT VOUS AVEZ BESOIN :

Ventouse à bride, débouchoir de cuvette, gant de caoutchouc.

Se servir d'une ventouse à bride

Drain

Posez la bride de la ventouse sur le drain (les ventouses à bride sont plus efficaces que les modèles ordinaires). Versez assez d'eau pour couvrir la ventouse. Pompez de haut en bas, rapidement. Versez un seau d'eau dans la cuvette. Si l'eau passe, actionnez la chasse à quelques reprises pour drainer les débris.

Utiliser un débouchoir de cuvette

Le **débouchoir de cuvette** est conçu pour dégager les siphons de cabinet. Insérez la gaine de caoutchouc courbé dans le drain et actionnez la manivelle, afin que le débouchoir se fraye un chemin. Dès que les pointes s'accrochent au corps étranger, tentez de l'extirper, ou imprimez un mouvement d'aller-retour pour briser ce qui crée l'obstruction.

Débouchoir de cuvette

Drain

Siphon

Électricité

Notions de base

L'électricité circule à travers les circuits de votre maison un peu comme l'eau dans un réseau de canalisations. Chaque circuit électrique comporte un fil actif, généralement noir, qui transporte l'électricité à partir du tableau de distribution principal. Un second fil, «neutre» et habituellement blanc, ramène l'électricité à la source.

Les réparations électriques consistent généralement à remplacer des fiches, prises, douilles ou lampes. On peut les effectuer de manière tout à fait sécuritaire pourvu que l'alimentation des fils à manipuler ait été coupée. Quand un appareil ne fonctionne pas, la première chose à faire est de vérifier s'il est... branché.

Vérifiez s'il y a du courant à l'aide d'un vérificateur de ligne à néon avant de toucher à un fil. Si le vérificateur s'allume, c'est que les fils sont «vivants» et qu'il n'est pas sécuritaire d'y toucher. Quand vous testez des lampes à interrupteur ou un appareil, assurez-vous que le commutateur soit en position ouverte (*ON*). Pour chacune des réparations électriques, nous indiquons un moyen facile de détecter la présence de courant avant de commencer les travaux.

Trouver le tableau de distribution principal

Entrée de service

1 À l'extérieur de la maison, repérez les câbles d'alimentation qui mènent au compteur électrique. Un tuyau d'entrée amène les câbles vers l'intérieur. Il s'agit alors de localiser le point d'entrée au sous-sol ou dans une pièce de service.

Pince à usage multiple

Pince à long bec

Tournevis isolé

Vérificateur
de continuité

Vérificateur de ligne

Pince à fusibles

Connecteurs

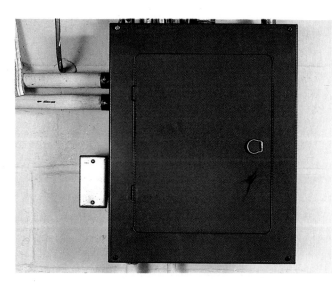

2 Le tableau de distribution principal est fixé au tuyau d'entrée. Il divise l'électricité en circuits, chacun d'eux alimentant une partie de la maison et étant contrôlé par un disjoncteur. Les vieilles installations comportent plutôt des fusibles qui se vissent. Le disjoncteur principal permet de couper tout le courant d'un seul coup.

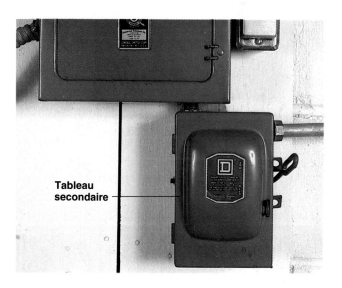

Tableau
secondaire

Un tableau secondaire se trouve parfois à côté du tableau principal et permet l'électrification d'un coin particulier de la maison ou de la propriété. Il possède son propre sectionneur mais sera neutralisé par la fermeture du disjoncteur principal.

Électricité et sécurité

Évitez de prendre des chocs électriques lorsque vous effectuez des réparations, en coupant le courant du circuit approprié au tableau de distribution et en testant les fils avant d'y toucher.

L'électricité n'est dangereuse que si elle circule hors d'un système de circuits établi. Par nature, l'électricité cherche à retourner à la terre par la voie la plus facile. Si elle «s'échappe» hors des fils du circuit et trouve une autre voie, elle peut causer des chocs ou un incendie.

Pour éviter ces fuites (nommées courts-circuits) votre réseau électrique est relié à une **installation de mise à la terre**. Si un fil du circuit devient défectueux, la mise à la terre permet un échappement contrôlé. Dans les câblages récents, des fils de cuivre dénudés ou des fils isolés verts parcourent l'installation. Ce sont les fils de mise à la terre. Quand vous faites des réparations électriques, rebranchez toujours ces fils. Quand vous remplacez une prise à deux branches par un modèle à trois branches, assurez-vous d'effectuer la mise à la terre.

Si un disjoncteur se déclenche, branchez les appareils sur un autre circuit et actionnez le levier du disjoncteur vers la position *OFF* et ensuite vers *ON*. **Si un fusible saute**, cela veut dire que les lampes et appareils demandent plus de courant que le circuit ne peut en transporter de manière sécuritaire. Branchez les appareils à un autre circuit et remplacez par un fusible identique. Si un fusible ou un disjoncteur saute immédiatement après avoir été remplacé ou ré-enclenché, il y a possibilité de court-circuit. Appelez immédiatement un électricien.

Couper le courant avant de faire des réparations

Les disjoncteurs contrôlent l'afflux de courant dans les installations récentes. Identifiez le disjoncteur qui contrôle les fils auxquels vous devrez toucher. Mettez-le à la position *OFF*. **Testez les fils avec un vérificateur de ligne** avant d'entreprendre la réparation.

Les fusibles contrôlent l'afflux de courant dans les anciennes installations. Identifiez le fusible qui contrôle les fils auxquels vous devrez toucher. **En ne touchant que la bague isolante**, dévissez-le et mettez-le de côté. **Testez les fils avec un vérificateur** avant d'entreprendre la réparation.

Les cartouches-fusibles protègent les circuits des gros appareils. **N'utilisez qu'une seule main** pour ouvrir le tableau et manipuler les cartouches. Si elles sont dans un boîtier, tirez par la poignée. Utilisez une pince à fusibles pour les dégager.

Conseils de sécurité

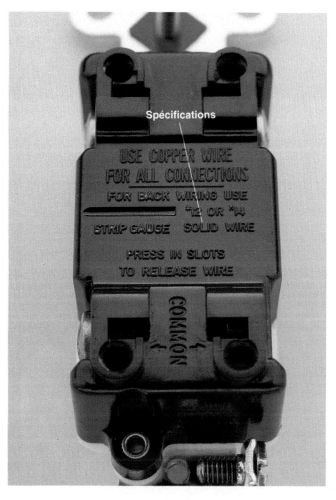

Spécifications

USE COPPER WIRE
FOR ALL CONNECTIONS
FOR BACK WIRING USE
#12 OR #14
STRIP GAUGE   SOLID WIRE
PRESS IN SLOTS
TO RELEASE WIRE

COMMON

Lisez les inscriptions sur les vieilles prises et fiches avant d'en acheter de nouvelles. Remplacez par des modèles de même ampérage et de même voltage. Si vos fils sont en aluminium ou si la vieille prise ou l'interrupteur comportent l'inscription CO/ALR, achetez les mêmes.

Vis de plaque

Vérifiez la mise à la terre en insérant une sonde du vérificateur dans une fente verticale et en appuyant l'autre sur la vis métallique de la plaque. Répétez avec l'autre fente verticale. Si le néon s'allume, la prise est mise à la terre et un modèle à trois branches peut être installé.

Trucs-info

Qu'est-ce que c'est CSA? La plupart des appareils et des matériaux que l'on retrouve sur le marché sont sensés être sécuritaires. Il est cependant recommandé d'acheter des appareils portant le symbole CSA, qui certifie que les normes de l'Association canadienne de normalisation sont respectées. Les différents codes du bâtiment sont généralement exigeants en matière de sécurité, et il vaut mieux s'assurer une sécurité d'esprit mur à mur.

Soyez au courant des exigences du Code canadien de l'électricité avant d'entreprendre l'installation de nouvelles prises ou d'interrupteurs. Ces derniers doivent être placés à quatre pieds du plancher et près du cadre de la porte, du côté opposé aux charnières, de manière à ce que la porte n'en bloque pas l'accès. Quant aux prises, elles doivent être installées entre douze et dix-huit pouces du plancher et distantes d'au moins douze pieds. Dans la cuisine, le code exige un nombre supérieur de prises de courant.

Installez un disjoncteur de fuite de terre (GFCI) lorsque vous remplacez une prise à proximité de l'eau, de plomberie, ou à l'extérieur. Un tel disjoncteur détecte les changements dans le flux du courant et coupe l'électricité avant qu'un choc ne survienne. Utilisez-les dans les salles d'eau et de lavage, dans la cuisine et à l'extérieur.

Les prises à trois branches ne doivent être utilisées que dans un circuit mis à la terre. Si vous utilisez un adaptateur à trois branches, assurez-vous de la mise à la terre. Ne modifiez pas la fiche pour l'insérer dans une prise à deux fentes.

Les fiches polarisées ont des branches de différentes largeurs pour assurer la continuité du circuit et prévenir les chocs. Si la prise n'accepte pas les fiches polarisées, ne les modifiez pas. Changez la prise après vous être assuré de sa mise à la terre.

Protégez les enfants des chocs électriques. Placez des protecteurs de plastique sur les prises qui ne sont pas utilisées.

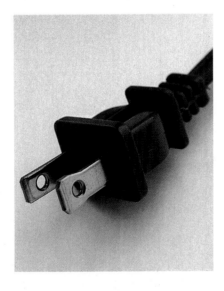

Réparations électriques : techniques et trucs

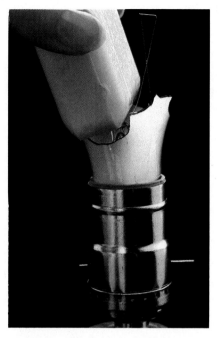

Asséchez vos mains avant de manipuler les appareils électriques. L'eau est conductrice et augmente les possibilités de chocs.

Pour retirer une ampoule brisée, débranchez la lampe, appuyez sur l'ampoule avec un pain de savon ou une pomme de terre et dévissez. Vous pouvez aussi utiliser des pinces à long bec pour saisir le filament ou la base de l'ampoule.

Notez l'emplacement des fils à l'aide de ruban-cache avant de débrancher l'interrupteur ou la prise à remplacer. Fixez les fils au nouveau module en vous servant de ces repères.

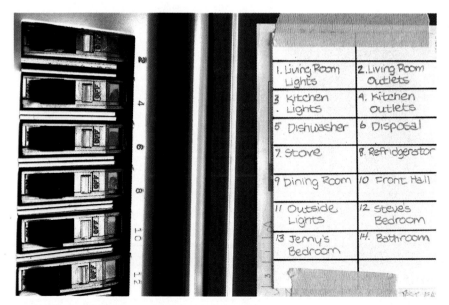

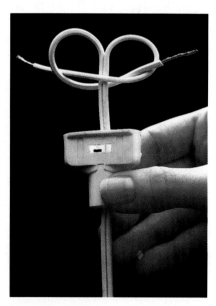

Un plan des circuits peut simplifier les réparations. Pour l'établir, coupez l'électricité, un circuit à la fois, et faites le tour de la maison pour dresser la liste des prises, appareils et lampes qui ne fonctionnent pas. Collez une description des circuits sur la porte du tableau de distribution. Inscrivez le numéro de circuit à l'endos des plaques des prises et des interrupteurs.

Faites un noeud d'électricien, s'il y a suffisamment d'espace dans le capuchon de la fiche. Cela empêchera les fils d'être tirés hors de la fiche.

Faire les connexions

Utilisez une pince à usage multiple pour préparer les fils. On trouve un gabarit, à l'arrière des prises et des interrupteurs, qui indique la longueur à dénuder. Insérez le fil isolé à l'endroit approprié, pressez les mâchoires et utilisez le pouce pour dégager la gaine.

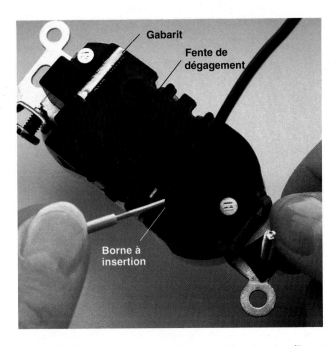

Faites des branchements rapides en dénudant les fils, et en les insérant dans la borne appropriée. Dans les prises, le fil noir se place dans la borne la plus près de la vis foncée. Pour dégager le fil, insérez un clou ou un petit tournevis dans la fente de dégagement située à côté de la borne.

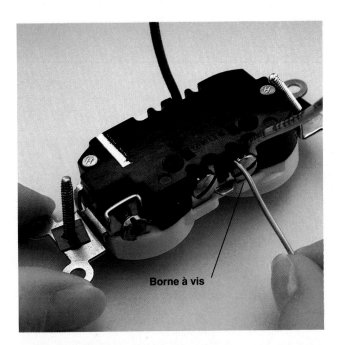

Faites une connexion à une borne à vis en dénudant le fil d'environ deux pouces. Amenez la gaine d'isolation jusqu'à la vis et enroulez alors le fil dans le sens des aiguilles d'une montre. Serrez fermement la vis et pliez l'excès de fil dans un mouvement de va-et-vient jusqu'à ce qu'il casse.

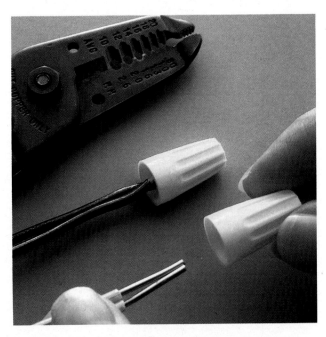

Pour des raccords à l'aide de connecteurs isolés, dénudez les fils sur environ 5/8". Utilisez les connecteurs qui conviennent au calibre et au nombre de fils à raccorder. Tenez les extrémités en parallèle et vissez le connecteur jusqu'à ce que la partie dénudée soit couverte et l'assemblage bien serré. Tirez légèrement les fils pour vous assurer de la solidité du raccord.

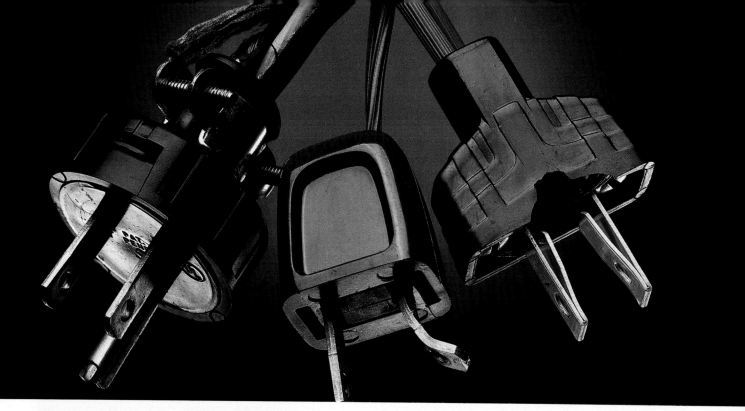

Remplacer une fiche

Dès que vous remarquez des branches tordues ou offrant du jeu, un capuchon fendu ou endommagé, l'absence d'embout isolant, l'usure de l'isolation ou encore un fil dénudé près de la fiche, il est temps de remplacer ces éléments. Il existe différents types de fiches de rechange pour les cordons de lampes ou d'appareils électriques. Les fiches pour cordons plats (utilisés pour les appareils peu énergivores) sont les plus courantes et comportent deux bornes à vis. On

trouve également des fiches à raccord rapide très simples à installer. Les fiches pour cordons ronds conviennent aux fils plus gros ainsi qu'à ceux qui ont un fil de mise à la terre. Il est préférable que la fiche de remplacement soit similaire à l'ancienne.

CE DONT VOUS AVEZ BESOIN :

Fiche de remplacement, pince universelle, pince à long bec, tournevis.

Remplacer une fiche pour fil plat

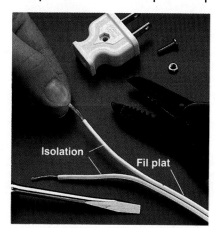

Isolation

Fil plat

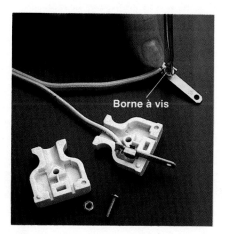

Borne à vis

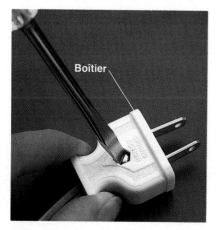

Boîtier

1 Sectionnez le cordon au ras de la fiche. Séparez les deux fils en les écartant, et dénudez-en environ 3/4 de pouce.

2 Retirez le couvercle du boîtier. Torsadez les brins de cuivre et enroulez le fil autour de la vis, dans le sens horaire, et serrez les vis.

3 Assemblez le boîtier de la fiche et mettez en place l'embout isolant, s'il y a lieu.

Installer une fiche à raccord rapide

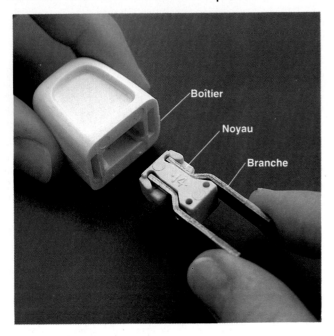

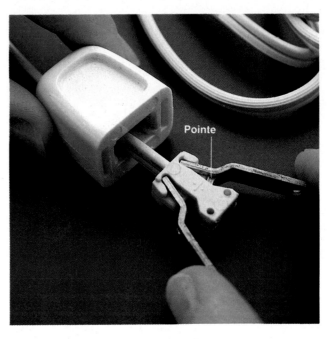

Pressez les branches de la fiche pour retirer le noyau du boîtier. Séparez l'ancienne prise du cordon en effectuant une coupure nette à l'aide de pinces coupantes.

Passez le fil par l'arrière du boîtier. Écartez les branches et insérez le fil dans le noyau. Pressez les branches et les pointes perceront l'enveloppe pour établir le contact avec le fil de cuivre. Remettez la fiche dans son boîtier.

Remplacer une fiche ronde

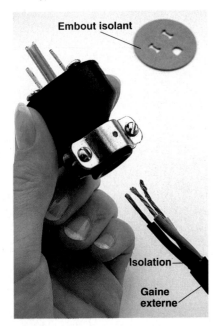

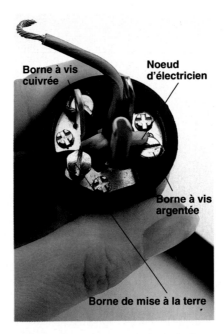

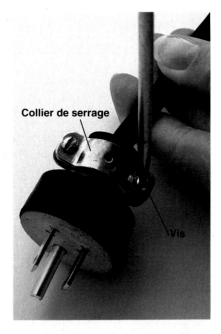

Enlevez l'ancienne fiche en coupant le cordon. Coupez la gaine externe et dénudez chaque fil d'environ 3/4''. Retirez l'embout de la nouvelle fiche et insérez le cordon dans le boîtier.

Nouez les fils noir et blanc. Enroulez l'extrémité du fil noir autour de la vis cuivrée et celle du fil blanc autour de la vis argentée. Pour une fiche à trois branches, attachez le troisième fil à la vis de mise à la terre.

Resserrez les vis en vous assurant que les fils ne se touchent pas. Replacez l'embout isolant. Si la fiche comporte un collier de serrage, fixez-le solidement.

Réparer une lampe

Le problème le plus courant d'une lampe, à l'exception de la fiche, se situe généralement au niveau de la douille. Quand elle est défectueuse, c'est habituellement le mécanisme de l'interrupteur qui est en cause, mais on remplace tout de même l'ensemble.

Cependant, le mauvais fonctionnement d'une lampe ne dépend pas toujours de la douille. Vous pouvez éviter des réparations inutiles en vérifiant le cordon, la fiche et l'ampoule avant de remplacer la douille.

CE DONT VOUS AVEZ BESOIN :

Nouvelle douille, vérificateur de continuité, tournevis

Truc :
Vous pouvez profiter de l'occasion pour installer une douille à trois voies.

Types de douilles

Les douilles à interrupteur sont généralement interchangeables. Dans le sens des aiguilles d'une montre en partant d'en haut à gauche : bouton rotatif, interrupteur à distance, à chaîne, à bouton pression.

Réparer ou remplacer une douille de lampe

Isolation lisse

Enveloppe extérieure

Gaine isolante

1 Débranchez la lampe. Enlevez l'ampoule. Grattez la languette avec un petit tournevis et soulevez-la légèrement si elle est écrasée au fond. Remettez l'ampoule, branchez la lampe et essayez-la. Si elle ne fonctionne pas, débranchez-la, enlevez l'ampoule et passez à l'étape suivante.

2 Pressez la base de l'enveloppe extérieure à l'endroit indiqué et soulevez-la. Dans une vieille lampe, il peut y avoir des vis à la base de la douille. Retirez la gaine isolante. Si elle est endommagée, remplacez la douille au complet.

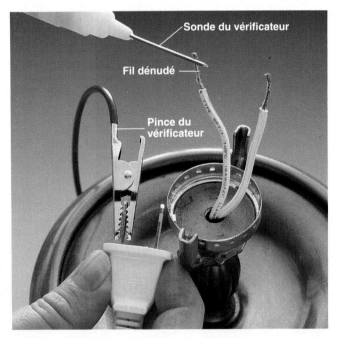

Sonde du vérificateur

Fil dénudé

Pince du vérificateur

3 Vérifiez si les fils sont solidement fixés aux bornes. Resserrez si nécessaire, remontez la lampe et essayez-la. Si elle ne fonctionne toujours pas, enlevez la douille et passez à l'étape suivante.

4 Vérifiez l'état du cordon avec un vérificateur de continuité. Attachez la pince à une branche de la fiche et appuyez la sonde sur un fil dénudé, ensuite sur l'autre fil. Répétez l'opération avec l'autre branche. Si le vérificateur ne s'allume pas pour les deux branches, remplacez le cordon et la fiche. Essayez la lampe de nouveau.

Vis argentée

Isolation striée **Isolation lisse**

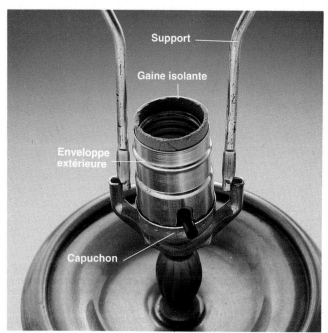

Support

Gaine isolante

Enveloppe extérieure

Capuchon

5 Si le cordon et la fiche fonctionnent, choisissez une douille répondant aux mêmes voltage et nombre d'ampères. Un des fils du cordon plat pour lampe est recouvert d'un isolant strié ou marqué : fixez ce fil à la borne à vis argentée et l'autre fil à la vis cuivrée.

6 Glissez la gaine isolante et l'enveloppe extérieure sur la douille, de manière à ce qu'elles recouvrent les bornes et que l'interrupteur soit encastré. Pressez l'assemblage dans le capuchon jusqu'à ce qu'il se bloque en place. Replacez le support, l'ampoule et l'abat-jour.

Trucs-info

Soyez au courant de ce qui se trame dans votre maison. Vérifiez d'abord la capacité de votre entrée. Le service de base d'une maison avec chauffe-eau, sécheuse, cuisinière électrique, etc, s'établit entre 100 et 200 ampères, avec trois fils. Un câblage de deux fils devra éventuellement être remplacé.

Beau et chaud, hiver comme été. La pompe à chaleur est à la fois un appareil de chauffage électrique très performant et un climatiseur rafraîchissant. Mais malgré sa faculté d'adaptation, elle aime la constance. Évitez donc de modifier la température au thermostat.
Il est très important d'entretenir les filtres et les serpentins convenablement. Les filtres doivent être nettoyés ou changés une fois par mois (la plupart

des fabricants font la même recommandation). Les serpentins extérieurs et intérieurs se nettoient très bien à l'aide d'un aspirateur, pourvu qu'on prenne bien soin de ne pas écraser les ailettes.

Suivez le fil de votre installation électrique en en connaissant les termes. Les **volts** représentent l'influx électrique nécessaire; ainsi, un grille-pain a besoin de 120 volts tandis que la sécheuse en exige 240. La quantité d'électricité qui se rend à l'appareil est déterminée par la grosseur du fil, c'est l'**ampérage.** Un fil trop petit aura tendance à surchauffer et peut causer un incendie. L'électricité est distribuée à travers la maison par des circuits qui sont reliés à des prises ou des interrupteurs. Chacun est protégé par un coupe-circuit qui peut être un fusible ou un disjoncteur.

Remplacer une prise

Remplacez une prise si elle ne retient plus les fiches, n'amène plus de courant, ou si les contacts internes sont corrodés. Si un fusible fond ou un disjoncteur se déclenche lorsque vous branchez un appareil dans une prise, remplacez celle-ci immédiatement.

Vous pouvez également changer les prises à deux fentes qui fonctionnent encore mais qui n'acceptent pas les fiches de certains appareils modernes. À proximité des sources d'eau et des tuyaux de plomberie, il convient d'installer un disjoncteur de mise à la terre (GFCI).

CE DONT VOUS AVEZ BESOIN :

Prise de rechange, vérificateur de ligne, tournevis, ruban-cache.

Types de prises électriques standard

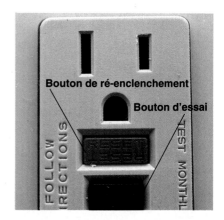

Bouton de ré-enclenchement

Bouton d'essai

Les vieilles prises à deux fentes devraient être remplacées par des prises à trois branches quand elles sont défectueuses, mais assurez-vous que la prise murale soit mise à la terre. Si ce n'est pas le cas, appelez un électricien pour refaire l'installation.

Les prises avec mise à la terre comportent deux fentes verticales et un trou rond. Choisissez une prise de rechange ayant les mêmes spécifications d'ampérage, de voltage et de gabarit de fil que l'ancienne.

Les disjoncteurs de mise à la terre (GFCI) sont sensibles aux changements de courant et coupent l'électricité avant qu'un choc ne survienne. Ils s'installent comme une prise à trois branches. Actionnez le bouton d'essai une fois par mois. Le bouton de ré-enclenchement ressortira si la prise fonctionne convenablement.

Remplacer une prise

1 Coupez le courant du circuit. Retirez la plaque. Pour vérifier s'il y a encore du courant, appliquez les sondes du vérificateur sur les bornes du haut. Répétez avec celles du bas. Si le vérificateur ne s'allume pas, vous pouvez toucher aux fils en toute sécurité.

2 Desserrez les vis de montage et saisissez la prise par les brides pour la sortir soigneusement de la boîte. Utilisez des languettes de ruban-cache pour noter l'emplacement des fils sur la prise.

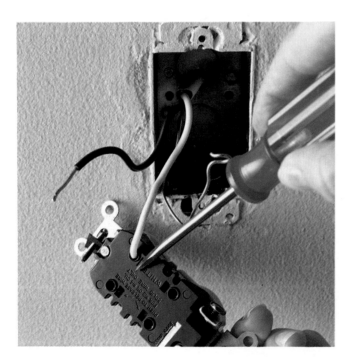

3 Défaites les raccords à insertion en poussant la pointe d'un petit tournevis dans la fente de dégagement, ou desserrez les vis des bornes pour dégager la prise.

4 Choisissez une prise de rechange ayant les mêmes spécifications que l'ancienne. Fixez les fils aux mêmes endroits.

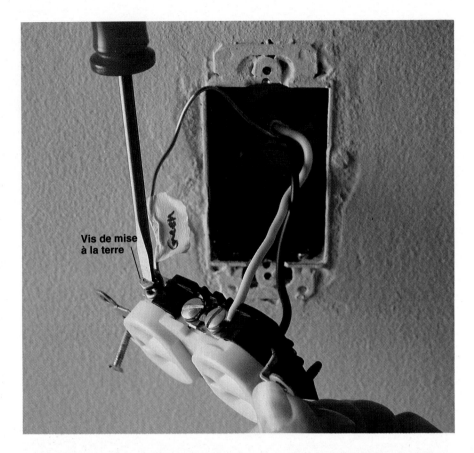

5 Branchez le fil de cuivre nu ou le fil isolé vert à la borne de mise à la terre. Si la boîte contient deux fils de mise à la terre, fixez un bout de fil vert à la vis de mise à la terre, et attachez-y les deux fils à l'aide d'un connecteur isolé.

Vis de mise à la terre

6 Remettez la prise dans sa boîte, tout en tassant soigneusement les fils. Fixez à l'aide des vis de montage et remettez la plaque.

Vis de montage

Remplacer un interrupteur mural

Les interrupteurs muraux cessent de fonctionner quand les raccords des fils prennent du jeu ou qu'une pièce mécanique est trop usée.

Commencez par vérifier les connexions des fils. Deux fils ou plus sont fixés à l'interrupteur sur des bornes à vis ou à insertion. Derrière l'interrupteur se trouvent des fils similaires, raccordés par des connecteurs, en plus des fils de mise à la terre, lorsque présents.

Remplacez un interrupteur qui crépite ou qui ne fonctionne pas. Les interrupteurs sont identifiés par le nombre de bornes qu'ils comportent. Ainsi, les interrupteurs unipolaires comportent deux bornes (on retrouve quelquefois une troisième vis pour la mise à la terre). Les interrupteurs à trois ou quatre voies ont des bornes à vis additionnelles. Ils sont utilisés pour alimenter une source de lumière ou une prise à partir de deux ou trois endroits différents. Lorsque vous remplacez un interrupteur, choisissez-le identique à l'ancien.

CE DONT VOUS AVEZ BESOIN :

Tournevis, vérificateur de continuité, interrupteur de rechange, vérificateur de ligne, connecteurs.

Truc :

Si le test de continuité montre que l'interrupteur n'est pas fautif, le problème peut venir de la lampe ou de la prise murale.

Remplacer un interrupteur mural

Borne

Vis de montage

Bride de montage

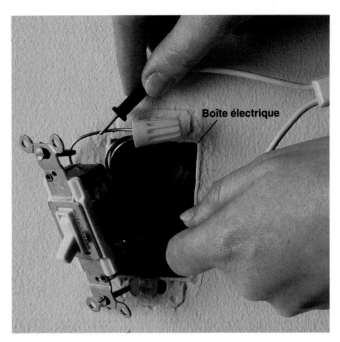

Boîte électrique

1 Coupez l'alimentation du circuit au panneau de distribution. Enlevez la plaque, desserrez les vis de montage et saisissez les brides pour sortir délicatement l'interrupteur de la boîte. Ne touchez pas aux fils dénudés ni aux bornes.

2 Appuyez une sonde du vérificateur sur une borne reliée à un fil noir. Avec l'autre sonde, touchez la vis de mise à la terre, le fil de cuivre dénudé ou la boîte électrique. Répétez avec les autres bornes à vis. Si le vérificateur ne s'allume pas, les fils peuvent être manipulés en sécurité.

Raccord

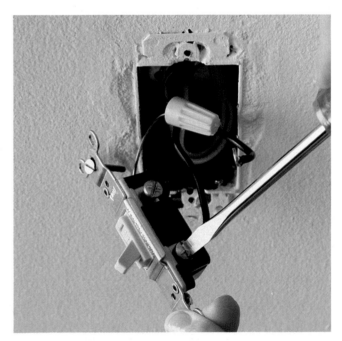

3 Vérifiez tous les raccords. S'il y a du jeu, resserrez-les, remettez en place et vérifiez le fonctionnement de l'interrupteur. Si toutefois les raccords sont solides, passez à la prochaine étape.

4 Notez soigneusement l'emplacement des fils. Défaites les connexions et retirez l'interrupteur.

5 Pour tester l'interrupteur, attachez la pince du vérificateur de continuité à une borne et appuyez la sonde sur l'autre. Actionnez le commutateur. Si le vérificateur ne s'allume pas, changez l'interrupteur. Pour les interrupteurs à trois ou quatre voies, utilisez la pince et la sonde sur des bornes de différentes couleurs.

6 Si l'interrupteur est défectueux, choisissez une pièce de rechange ayant les mêmes spécifications. Raccordez les fils au nouvel interrupteur. S'il comporte une vis verte de mise à la terre, assurez-vous d'y raccorder le fil de mise à la terre.

Pince du vérificateur

Sonde du vérificateur

5

Vis de mise à la terre

6

Spécifications

7 Remettez l'interrupteur en place en tassant délicatement les fils. Serrez les vis de montage et fixez la plaque.

Installez un gradateur en suivant la même procédure. Il doit avoir le même nombre de fils ou de bornes que l'ancien interrupteur. Avec un gradateur à trois voies, attachez-en le fil rouge au fil noir du circuit. S'il comporte un fil vert de mise à la terre, raccordez-le à la mise à la terre du circuit ou à la boîte.

Vis de montage

7

Remplacer un plafonnier

Remplacer un plafonnier ou une lampe murale est probablement la réparation électrique la plus facile à effectuer. Les plafonniers ne comportent généralement que deux fils, raccordés à ceux du circuit par des connecteurs. Employez toujours une échelle solide et faites-vous aider pour les lustres lourds.

Remplacer un plafonnier ou une lampe murale

1 Coupez l'alimentation du circuit au panneau de distribution. Retirez le globe en desserrant les vis de retenue. Enlevez les vis de montage ou tournez légèrement le plafonnier pour le dégager. Éloignez-le délicatement pour avoir accès aux fils.

2 Enlevez les connecteurs sans toucher aux fils. Mettez une sonde en contact avec le fil noir, et l'autre avec le fil blanc, ensuite avec la boîte. Actionnez l'interrupteur et répétez l'opération. Si le vérificateur ne s'allume pas, vous pouvez manipuler les fils.

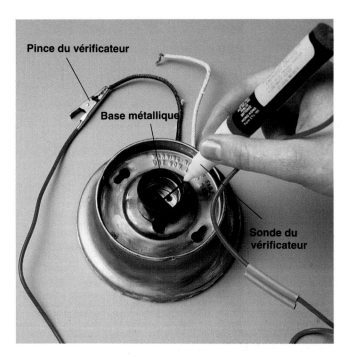

Pince du vérificateur

Base métallique

Sonde du vérificateur

3 Défaites les connexions et enlevez l'appareil. Attachez la pince du vérificateur de continuité au fil noir et appuyez la sonde sur la languette de contact. Déplacez la pince sur le fil blanc, et la sonde sur la partie métallique de la douille. Si le vérificateur ne s'allume pas, remplacez l'appareil.

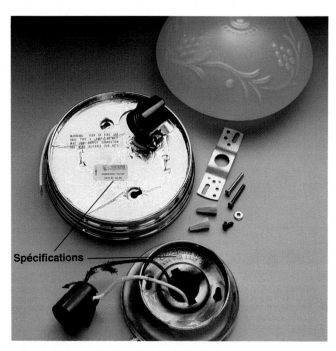

Spécifications

4 Choisissez un nouvel appareil ayant les mêmes spécifications. Pour éviter des réparations au plafond, optez pour un appareil dont la base est aussi large ou plus grande que celle du précédent. Installez-le en suivant les instructions du manufacturier.

Fil du circuit

Fil de l'appareil

5 Torsadez les brins de cuivre du fil noir de l'appareil et raccordez au fil noir du circuit avec un connecteur. Procédez de même pour les fils blancs.

Vis de montage

Isolation

Globe

6 Assurez-vous que l'isolation est bien en place. Pliez les fils et amenez le plafonnier à égalité avec la boîte. Fixez à l'aide des vis. Replacez l'ampoule et le globe.

Portes et fenêtres

Réparer les portes et fenêtres

Le manque de lubrifiant est responsable de plus de 80% des problèmes de portes et fenêtres. Nettoyez toutes les pièces mobiles des portes en y vaporisant un solvant/lubrifiant. Nettoyez les coulisseaux des fenêtres d'aluminium et à guillotine avec une vieille brosse à dents et un chiffon ou avec un aspirateur manuel. Lubrifiez les coulisseaux des fenêtres avec un lubrifiant non graisseux contenant du silicone ou du graphite.

Pistolet à décaper

Couteau à mur

Coupe-peinture

Pointes de vitrier

Languette de moustiquaire d'aluminium

Pose-languette

Outils pour réparer les portes et fenêtres

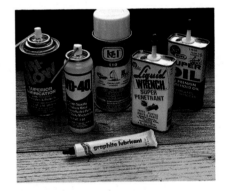

Nettoyeurs et lubrifiants
(de gauche à droite) : solvant/lubrifiant en vaporisateur, solution pénétrante, solution de silicone, huiles pénétrantes, poudre de graphite (à l'avant).

Trucs pour nettoyer et lubrifier

Nettoyez les coulisseaux des fenêtres et portes coulissantes avec un aspirateur manuel et une brosse à dents. Il y a souvent accumulation de saletés dans le coulisseau du contre-châssis (châssis extérieur).

Nettoyez les coupe-bise en vaporisant un nettoyant puis en essuyant la saleté. Utilisez du solvant pour enlever la peinture qui pourrait bloquer la fenêtre. Appliquez une petite quantité de lubrifiant pour empêcher qu'elle se coince.

Lubrifiez les serrures et les pentures de porte une fois par année en les démontant et en les vaporisant avec du solvant/lubrifiant. Les nouvelles serrures doivent être lubrifiées avant leur installation.

Nettoyer et lubrifier une porte coulissante

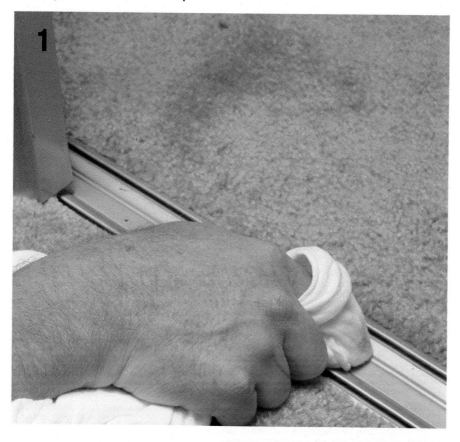

1 Nettoyez les coulisseaux à l'aide d'une brosse à dents et d'un chiffon humide ou avec un aspirateur manuel.

2 Vaporisez un solvant/lubrifiant sur toutes les roulettes de la traverse inférieure. N'hésitez pas à remplacer toute pièce courbée ou usée.

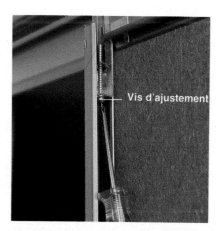

Vis d'ajustement

3 Assurez-vous que l'espacement du bas de la porte soit uniforme. Si vous devez procéder à des corrections, la vis d'ajustement vous permet de lever ou abaisser le bord de la porte.

Lubrifier et ajuster une porte pliante

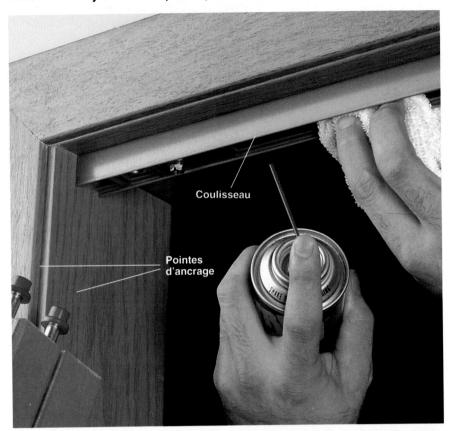

Coulisseau

Pointes d'ancrage

1 Ouvrez ou enlevez la porte et nettoyez le coulisseau avec un linge propre. Vaporisez un lubrifiant non-graisseux sur le coulisseau, les roulettes ou les pointes d'ancrage.

Bloc d'ajustement pour pivot de porte pliante

2 Fermez la porte et vérifiez l'alignement des panneaux par rapport au chambranle (jambage). Si l'espace entre les panneaux n'est pas uniforme, utilisez une clé ou un tournevis pour déplacer et ajuster le petit bloc du pivot supérieur.

Lubrifier une porte de garage

Rail

Roulette

1 Nettoyez les rails et les roulettes de la porte avec un linge et lubrifiez. Resserrez tous les boulons, écrous ou vis qui seraient dévissés. **Ne tentez pas d'ajuster la tension des ressorts**; seul un professionnel est habilité à accomplir ce travail.

2 La chaîne de levage d'un ouvre-porte électrique doit être nettoyée et lubrifiée. Consultez les directives du manufacturier pour l'entretien de ce dispositif.

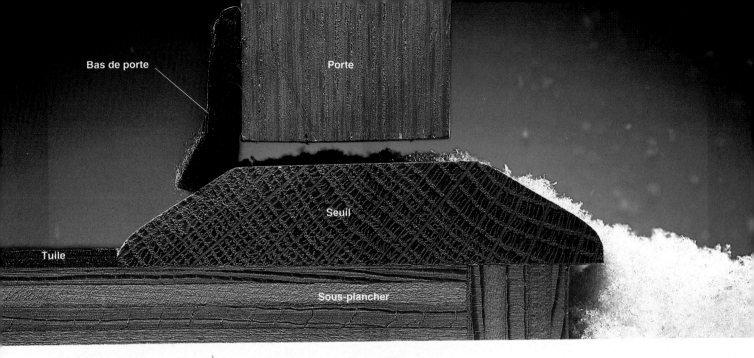

Bas de porte

Porte

Seuil

Tuile

Sous-plancher

Calfeutrer les portes et fenêtres

Le rôle des coupe-bise est de boucher les interstices entre des pièces jointes ou mobiles, par exemple entre une fenêtre et son cadre, entre une porte et le jambage ou le seuil. Les coupe-bise gardent la poussière, l'eau et les insectes à l'extérieur, et l'air conditionné (chauffé ou refroidi) à l'intérieur de la maison. Ils étouffent également les tremblements des fenêtres et des portes.

Le calfeutrage représente toujours un excellent investissement. Son coût est aisément récupéré à même l'économie en dépenses énergétiques.

Les coupe-bise se présentent dans une variété de matériaux : caoutchouc-mousse, vinyle ou plastique. La plupart sont vendus en ensembles incluant les vis ou les clous servant à les fixer.

CE DONT VOUS AVEZ BESOIN :

Nouveau coupe-bise, marteau, tournevis, cisailles à tôle, scie à métaux, perceuse, barre-levier.

Les principaux types de coupe-bise

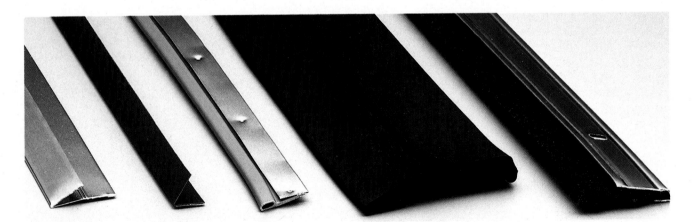

Languette de métal en forme de V, qui fait le joint entre une porte et son cadre.

Vinyle adhésif en V pouvant être utilisé sur des portes ou des fenêtres.

Coupe-bise en métal et vinyle, contenant parfois du feutre et se fixant au cadrage de fenêtre.

Le coupe-bise pour porte de garage bloque l'entrée de la poussière, de l'eau et des insectes.

Les bas de portes bouchent l'espace entre la porte et le seuil.

Installer un bas de porte

1 Mesurez la largeur de la porte. À l'aide d'une scie à métaux, coupez le coupe-bise 1/8" plus court.

2 Percez les trous de vis et fixez le coupe-bise à l'intérieur de la porte, de manière à ce que le vinyle ou le feutre recouvre l'interstice entre elle et le seuil.

Installer un coupe-bise pour porte de garage

1 Enlevez l'ancien coupe-bise fendu ou friable, en extirpant les vieux clous.

2 Coupez le coupe-bise de la largeur de la porte et clouez-le avec des clous galvanisés résistant à la rouille.

Installer des languettes de métal

Jambages

1 Coupez les bandes métalliques pour qu'elles s'adaptent aux jambages latéraux et supérieur. L'ouverture du V est tournée vers l'extérieur.

2 Clouez les bandes en place en laissant un espace entre le métal et le butoir. La bande s'appuiera sur la porte fermée et bloquera le passage de l'air.

Butoir

3 Pour améliorer l'isolation, soulevez le bord extérieur de la bande. Répétez cette opération avant chaque saison de chauffage car la bande perd son ressort.

Installer des bandes de vinyle pré-encollées en forme de V

Montant de rive

Traverse inférieure

Coulisseaux

1 Enlevez les anciens coupe-bise. Nettoyez le châssis et les coulisseaux avec un linge sec.

2 Coupez les bandes de vinyle en V pour les coulisseaux. Elles devraient avoir 2" de plus que les dimensions du châssis. Pliez chaque bande en V.

3 Levez complètement la fenêtre inférieure. Insérez la partie supérieure du coupe-bise dans la fente située entre la fenêtre et les coulisseaux, l'ouverture du V tournée vers l'extérieur. Détachez la bande protectrice, en partant du bas, tout en pressant le coupe-bise en place.

Fente

Coulisseau

4 Coupez une bande de la largeur de la traverse inférieure du châssis. Enlevez la bande protectrice et mettez en place.

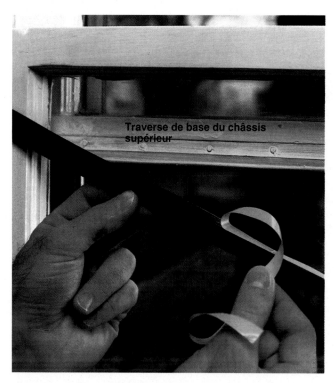

5 Coupez une languette de la largeur de la base du châssis supérieur. Pliez en V et enlevez la bande de protection.

6 Placez la bande de vinyle, ouverture vers le bas, et pressez. Sur les fenêtres plus récentes, le châssis inférieur s'enlève, ce qui facilite la pose de coupe-bise.

Installer les coupe-bise en métal et en vinyle

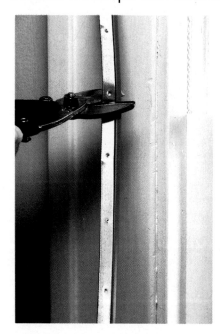

1 Coupez une bande assez longue pour faire le tour de l'ouverture. Utilisez des cisailles.

2 Pliez la bande nettement pour qu'elle s'adapte aux coins. Appuyez la bande sur le châssis pour compresser légèrement le vinyle.

3 Clouez la bande tout autour de l'ouverture. Dans les coins, placez des clous près de l'angle, afin d'assurer un joint étanche.

Réparer les fenêtres récalcitrantes

Les fenêtres à guillotine se coincent quand les coulisseaux ou les moulures de guidage ont besoin d'être nettoyés et lubrifiés. La peinture fraîche peut aussi parfois faire obstacle.

Dans le cas des fenêtres qui ne peuvent rester ouvertes, ce sont les cordes ou les chaînes qui doivent être réparées.

Les fenêtres plus récentes, à double accrochage, sont équilibrées par un mécanisme à ressorts contrôlé par des vis d'ajustement.

Trucs pour libérer une fenêtre

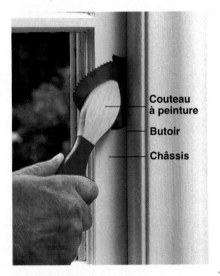

Couteau à peinture
Butoir
Châssis

Coupez le film de peinture qui s'est formé entre le châssis et le butoir à l'aide d'un couteau.

Châssis

Appuyez une pièce de bois le long du châssis et frappez légèrement avec un marteau afin de libérer la fenêtre.

CE DONT VOUS AVEZ BESOIN :

Couteau à peinture ou tout usage, marteau, tournevis, barre-levier, corde à châssis.

Ajuster les fenêtres à ressorts

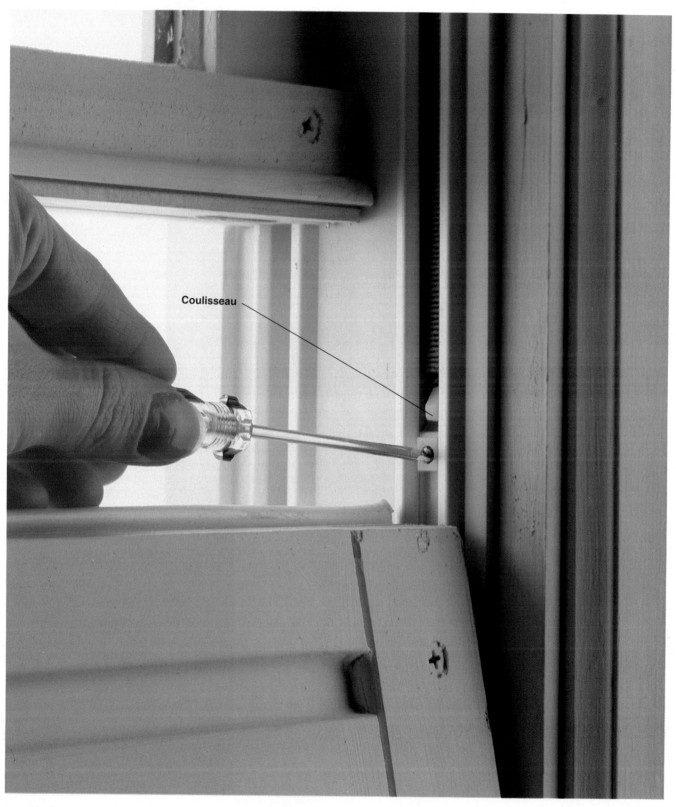

Coulisseau

Ajustez les vis se trouvant dans le coulisseau au bas de la fenêtre. Tournez-les jusqu'à ce que la fenêtre soit bien équilibrée.

Remplacer les cordes de châssis

Butoir

1 Coupez les joints de peinture qu'il pourrait y avoir entre le châssis et les butoirs à l'aide d'un couteau. Soulevez les butoirs à l'aide d'un levier ou retirez les vis, selon le cas.

2 Courbez légèrement les butoirs à partir du centre afin de les déloger. S'il y a lieu, enlevez les coupe-bise en retirant les clous.

Corde de châssis

3 Retirez la fenêtre inférieure. Défaites les cordes nouées ou clouées aux montants de rives.

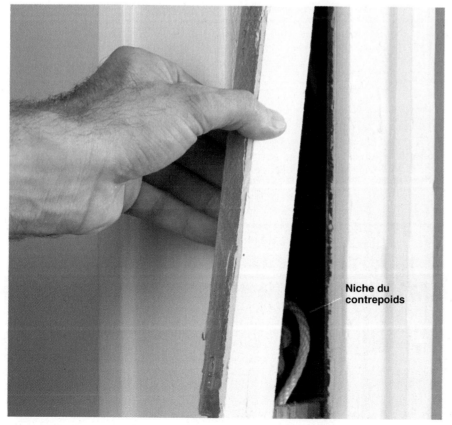

Niche du contrepoids

4 Soulevez ou dévissez le couvercle de la niche du contre-poids qui se trouve dans la partie inférieure de la glissière. Retirez le contrepoids et détachez la corde.

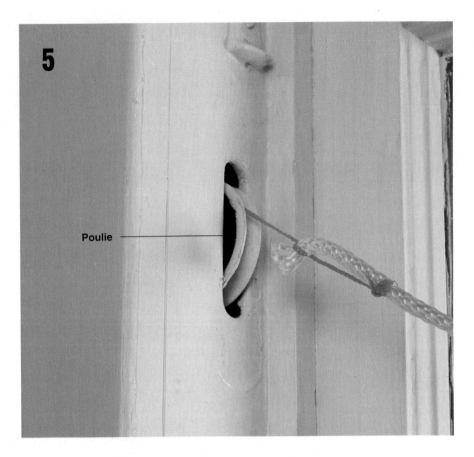

5

Poulie

5 Attachez un clou à une ficelle. Nouez l'autre extrémité à la nouvelle corde de châssis. Laissez tomber le clou à l'arrière de la poulie et saisissez-le par la niche.

6 Tirez la ficelle pour amener la nouvelle corde par-dessus la poulie, jusqu'à la niche. Assurez-vous que la corde peut glisser aisément.

6

Contrepoids

7 Attachez la corde au contrepoids par un double noeud serré. Remettez le poids dans sa niche et tirez la corde pour l'amener contre la poulie.

8 Déposez la fenêtre sur le rebord. Tenez la corde fermement le long du côté de la fenêtre et coupez-la 3" plus bas que le trou.

9 Nouez la corde et insérez le noeud dans le trou de la fenêtre. Replacez le couvercle de la niche. Glissez la fenêtre et le coupe-bise à leur place. Clouez le coupe-bise et les butoirs.

Châssis

Noeud

Trucs-info

Le coupe-froid se tient au chaud en étant installé autour de la fenêtre intérieure. Si celle-ci doit être le plus étanche possible, la contre-fenêtre doit s'insérer librement dans son cadre, afin de laisser échapper vers l'extérieur l'humidité qui se forme entre les deux fenêtres. Cela aura pour effet d'éviter la dégradation accélérée des encadrements de bois. Pour déterminer d'où vient la condensation, examinez les fenêtres : si la condensation se trouve sur le châssis intérieur, c'est que l'air froid pénètre autour du contre-châssis. Si elle se trouve sur le châssis extérieur, c'est que celui de l'intérieur laisse l'air s'échapper. En été, il est essentiel d'enlever les contre-fenêtres pour bien aérer et assécher le bois. Profitez-en pour faire un nettoyage en profondeur et éventuellement repeindre les différents éléments.

La transparence a ses limites et les vitres ne doivent laisser passer que peu de rayons ultraviolets. Ils ne sont pas particulièrement bons pour la santé et de plus, ils détériorent les tissus d'ameublement et les tapis. Depuis quelques années, le marché foisonne de ces verres dits énergétiques qui, en plus de constituer une barrière aux rayons UV, vous permettront de mieux contrôler le chauffage et la climatisation de la maison, tout en réalisant des économies appréciables. Sous nos latitudes, ce sont les fenêtres situées au sud et à l'ouest qui demandent le plus d'attention. Les lanternaux de matière plastique sont très perméables aux UV et il est préférable de ne pas disposer de meubles directement dessous.

Remplacer les carreaux

Pour remplacer une vitre brisée, commencez par enlever le vieux mastic et les pointes de vitrier, puis retirez soigneusement la vitre. Notez les mesures exactes de l'ouverture. Achetez la vitre en tenant compte qu'elle doit avoir 1/8" de jeu de chaque côté.

Avant de l'installer, prenez soin de sceller le bois du châssis pour prévenir la pourriture et l'absorption des huiles du nouveau mastic. Les nouveaux types de mastic s'appliquent avec un pistolet à calfeutrer et sont plus faciles à utiliser.

CE DONT VOUS AVEZ BESOIN :

Pistolet à chaleur, gants, lunettes de sécurité, couteau à mastiquer, papier abrasif, scellant pour bois, brosse, vitre de remplacement, pointes de vitrier, cartouche de mastic et pistolet à calfeutrer.

Truc : Pour éviter des blessures, portez des gants et des lunettes de sécurité en manipulant la vitre.

Installer une nouvelle vitre

1 Enlevez les fenêtres à ressorts en enfonçant les glissières dans le cadre, ce qui libérera la fenêtre. Les châssis anciens se réparent en place.

2 Enlevez le vieux mastic en le chauffant avec un fusil à décaper ou un chalumeau, en prenant soin de ne pas abîmer le bois. Grattez le mastic amolli avec un couteau à mastiquer. Pour les fenêtres plus récentes, soulevez le bourrelet de plastique.

Mastic

3 Enlevez les pointes de vitrier et la vitre brisée. Poncez les feuillures pour nettoyer les restes de mastic et de peinture. Appliquez un scellant sur le bois et laissez sécher.

Pointes de vitrier

4 Appliquez une mince couche de mastic dans la feuillure qui servira d'assise à la vitre. Pressez la nouvelle vitre en place et enfoncez des pointes de vitrier à tous les 10" à l'aide de la pointe du couteau à mastiquer.

5 Appliquez le mastic en glissant le tube le long des rebords et en appuyant régulièrement sur la gâchette. Adoucissez le mastic avec un doigt mouillé ou un linge.

6 La pâte au latex peut être peinte le jour même. Faites chevaucher la peinture de 1/16" sur la vitre, afin d'améliorer le joint thermique.

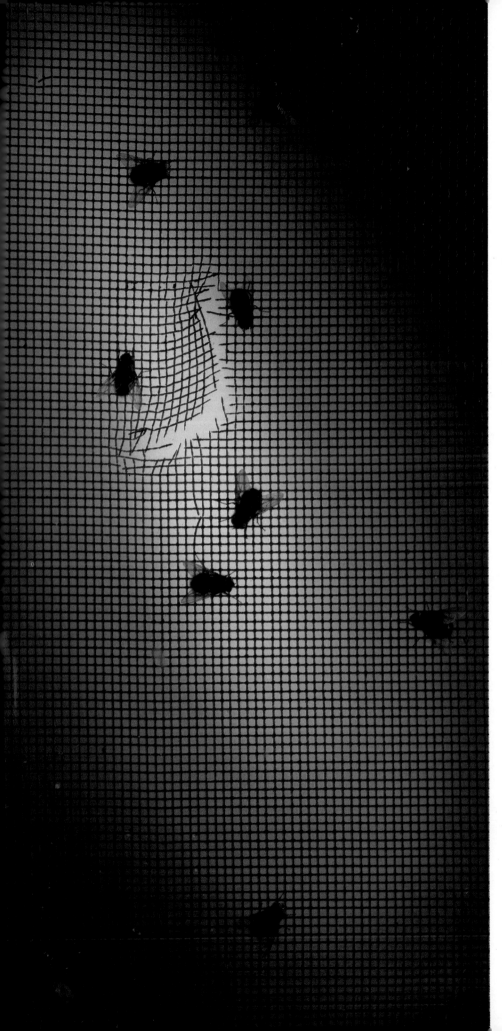

Remplacer les moustiquaires

Remplacez les vieilles moustiquaires métalliques par de nouvelles en fibre de verre. Elles filtrent les rayons du soleil pour garder la fraîcheur et protéger les tissus. Elles ne rouillent pas et ne nécessitent pas d'entretien.

CE DONT VOUS AVEZ BESOIN :

Outils et matériaux pour châssis de bois :

petit ciseau ou tournevis, couteau tout usage, moustiquaire, agrafeuse ou punaises, clous de tapissier et marteau.

Outils et matériaux pour châssis d'aluminium :

tournevis, moustiquaire, languette de vinyle, rouleau à languette, couteau tout usage.

Truc d'installation : Pour une manipulation facile, coupez la moustiquaire un peu plus large que nécessaire. Vous ferez la dernière coupe après avoir installé la moulure ou la languette.

La moustiquaire sur châssis de bois

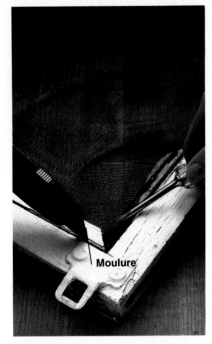

Moulure

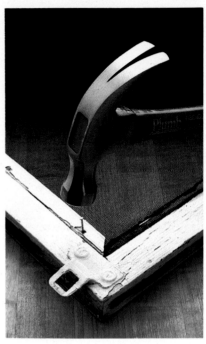

1 Soulevez la moulure avec un ciseau à bois ou un tournevis. S'il y a de la peinture, coupez-la avec un couteau pour libérer la moulure.

2 Tendez fermement la nouvelle moustiquaire sur le châssis, et fixez-la avec des agrafes ou des punaises.

3 Reclouez les moulures de la moustiquaire avec des clous de tapissier. Coupez l'excès de moustiquaire avec un couteau.

Trucs-info

Coupez les pertes de moitié en doublant le vitrage. L'ajout d'une contre-fenêtre s'avère un choix sensé et peut s'effectuer de façon temporaire et économique en installant une pellicule plastique thermorétractable. Un simple sèche-cheveux permet de la tendre. Cela convient particulièrement aux fenêtres du sous-sol et à celles qui sont peu utilisées. Il arrive aussi que le pourtour de l'encadrement d'une porte ou d'une fenêtre ne soit pas très bien ajusté avec le parement extérieur. Glissez de la laine isolante dans la fente et refermez avec une baguette. Dans les cas où l'air s'infiltre entre le châssis et le chambranle, utilisez du ruban adhésif pour calfeutrer temporairement.

Pour sentir le vent qui entre subrepticement dans votre maison, voici un moyen tout simple : par temps venteux, déplacez-vous dans la maison avec une bougie ou une feuille de papier à la main, le long des arêtes des murs, planchers et plafonds et autour des portes et fenêtres. Le frémissement de la flamme de la bougie ou de la feuille vous indiquera les endroits à calfeutrer pour ne pas frissonner.

La moustiquaire sur châssis d'aluminium

Languette

1 Soulevez la languette de la rainure du cadre avec un tournevis. Gardez l'ancienne languette si elle est encore souple; sinon, remplacez-la.

Rainures

2 Étirez fortement la nouvelle moustiquaire au-dessus du cadre, de façon qu'elle dépasse les rainures.

3 Utilisez un rouleau à languette pour insérer la languette et la moustiquaire dans les rainures. Coupez l'excès avec un couteau tout usage.

Trucs-info

Histoires de clés. Vous avez malencontreusement brisé votre clé dans la serrure? Pour retirer la tige de clé de la serrure, utilisez une petite lame de scie à découper, que vous introduirez doucement dans la serrure, de manière à ce que ses dents accrochent celles de la tige de clé. Vous n'aurez plus qu'à tirer vers vous la lame de scie et... la tige de la clé!

Surprise sur prise. On sait que certains voleurs futés s'attaqueront aux charnières d'une porte plutôt qu'à sa serrure. Réservez-leur une petite surprise en vissant dans le cadrage de porte, du côté des charnières, une vis que vous laisserez excéder de 3/8" ou 1/4". Il va sans dire que vous percerez un trou de même dimension, à l'endroit correspondant sur le côté de la porte, afin d'y recevoir la tête de la vis.

Pourquoi ne pas bloquer temporairement le châssis inférieur de la fenêtre en vissant une vis dans le coulisseau, juste au-desus du châssis. Vous pouvez aussi bloquer votre porte de patio en fixant une vis ou un goujon dans le rail inférieur ou supérieur, tout contre le côté de la porte.

Index

Conversion au système impérial

Kilogrammes (kg)	Livres	2,20
Litres (L)	Gallons impériaux	0,21
Litres (L)	Gallons américains	0,264
Mètres (m)	Pieds	3,28
Mètres (m)	Verges	1,09
Mètres carrés (m²)	Pieds carrés	10,76
Mètres carrés (m²)	Verges carrées	1,195
Mètres cubes (m³)	Pieds cubes	35,31
Millimètres (mm)	Pouces	0,039

Pour convertir des degrés Celsius (C) en degrés Fahrenheit multipliez par : (1,8 x C) + 32

Conversion au système métrique

Livres (lb)	Kilogrammes	0,45
Verges (vg)	Mètres	0,914
Verges carrées (vg²)	Mètres carrés	0,836
Verges cubes (vg³)	Mètres cubes	0,76
Pieds (pi)	Mètres	0,30
Pieds carrés (pi²)	Mètres carrés	0,093
Pieds cubes (pi³)	Mètres cubes	0,028
Pouces (po)	Millimètres	25,40

Pour convertir des degrés Fahrenheit (F) en degrés Celsius multipliez par : (F-32) x 0,555

Calibre des fils électriques

Calibre no	Capacité et utilisation
6	60 ampères, 240 volts : fournaises et climatiseur central
8	40 ampères, 240 volts : cuisinière électrique, climatiseur central
10	30 ampères, 240 volts : climatiseur de fenêtre, sécheuse à linge
12	20 ampères, 120 volts : lampes, prises, four micro-ondes
14	15 ampères, 120 volts : lampes, prises
16	Rallonges de service léger
18 à 22	Thermostats, carillons, système anti-vol

NOTE : plus le numéro du fil est petit, plus le fil est gros.

Couleur des fils électriques

Couleur	Fonction
Blanc	Fil neutre transportant le courant sans voltage
Noir ou rouge	Fil vivant (thermique) transportant le courant plein voltage
Blanc, marques noires	Fil vivant (thermique) transportant le courant plein voltage
Vert	Fil de mise à la terre
Cuivre dénudé	Fil de mise à la terre

Les clous

CLOUS COMMUNS

Numéro	Longueur	Quantité par lb
2	1"	845
3	1 1/4"	542
4	1 1/2"	290
5	1 3/4"	250
6	2"	165
7	2 1/4"	150
8	2 1/2"	100
9	2 3/4"	90
10	3"	65
12	3 1/4"	60
16	3 1/2"	45
20	4"	30

CLOUS DE FINITION

Numéro	Longueur	Quantité par lb
3	1 1/4"	880
4	1 1/2"	630
6	2"	290
8	2 1/2"	195
10	3"	125

CLOUS À BOISERIE

Numéro	Longueur	Quantité par lb
4	1 1/2"	490
6	2"	245
8	2 1/2"	145
10	3"	95
16	3 1/2"	70

Dimensions nominales et réelles

Nominales	Réelles
1" x 4"	3/4" x 3 1/2"
1" x 6"	3/4" x 5 1/2"
1" x 8"	3/4" x 7 1/2"
2" x 4"	1 1/2" x 3 1/2"
2" x 6"	1 1/2" x 5 1/2"
2" x 8"	1 1/2" x 7 1/2"